《中国名人大传》
ZHONGGUO MINGREN DAZHUAN

胡雪岩传

高文恩◎著

北京联合出版公司
Beijing United Publishing Co.,Ltd.

图书在版编目(CIP)数据

胡雪岩传/高文恩编著 . —北京:北京联合出版公司,2013.11(2022.1重印)

(中国名人大传/马道宗主编)

ISBN 978-7-5502-2153-6

Ⅰ.①胡…　Ⅱ.①高…　Ⅲ.①胡雪岩(1823～1885)

Ⅳ.①K825.3

中国版本图书馆 CIP 数据核字(2013)第 253197 号

胡雪岩传

编　著:高文恩

版式设计:东方视点

北京联合出版公司出版

(北京市西城区德外大街 83 号楼 9 层　100088)

北京一鑫印务有限责任公司印刷　新华书店经销

字数 230 千字　710 毫米×1000 毫米　1/16　15 印张

2013 年 11 月第 1 版　2022 年 1 月第 3 次印刷

ISBN 978-7-5502-2153-6

定价: 49.80元

前 言

　　胡雪岩（1823—1885 年），名光墉，字雪岩，祖籍浙江，是 19
世纪下半叶中国商界的风云人物。胡雪岩的生命历程充满了传奇色
彩：在短短的十年间，他便借助权贵，从一个地位卑微、一贫如洗的
店员发迹成为富甲天下的豪贾；太平天国运动爆发后，清廷调兵围
剿，他纳粟助赈，尽效其力；洋务运动兴起后，他延洋匠、引设备，
功绩很大；在左宗棠挥戈西征时，他筹粮械、借洋款，颇有功劳。经
过不断的努力，他终于成为显赫一时的"红顶商人"。从此，他从容
游刃于红顶子、黄马褂、生意经之间，营造了以钱庄、当铺为网点，
覆盖中国的金融行当，而且还兼营了知名品牌药店——"胡庆余堂"。
　　胡雪岩所处的时代既有内忧外患频仍交袭的创痛，亦有新潮激荡
的感奋。这可以说是一个忧患与希望并存、机遇与挑战同在的颇为特
殊的时代，而他正是在这个大变动的时代中抓住了机遇，成就了一番
宏业。同时，这个时代也是一个新旧、东西接触博弈的时代，这决定
了胡雪岩一生也是一个新旧、东西交合的形态。他所做的生意很杂，
办钱庄与贩军火，买卖商品与做期货，凡是可能赚到钱的，凡是他知
道的，不管是中国的还是西方的，他都做。也许正是这种包容新旧、
兼顾中西的、在当时属于创新性的经营方式，决定了他的成功。
　　抛开这些外在的条件，深究其内里，我们发现，是"谋略"之奇
使胡具备了在巨变的时代中把握机遇的能力。深受中国几千年传统谋

略智慧影响的胡雪岩，将古代谋略充分地运用于生意场上，并且对中国古代商人的经营手法做了一个全面的总结与提升。连环计、两面手法、美人计；营销、借势、扬名、用情、用人等等全部见于其一生之中。

胡雪岩晚年因洋商排挤、朝廷权贵欺压，最终成为钦定罪犯，落了个抄家籍产的下场。无疑，他的一生让人感叹有余，悲伤有加。

胡雪岩以冒险的方式获得了成功，能够看出其"学问"的高深和博大。而最关键的一点是，胡雪岩获得了国家资助，从而可以在商业的舞台上大显身手。不过，中国的茶、丝等皆为国际上可以行销创利的商品，而胡雪岩却在洋商的排挤下失败，这说明国家的保护也并非铜墙铁臂一样可靠，当然，他生活上的太过奢侈也须计为一过。

从个人的价值实现来看，胡雪岩一生中体味到了正二品"红顶商人"、家财亿贯的极盛极荣，也品尝到了家败世衰、家破人亡的极衰极辱。在历史上，这样大反差的人生经历集于一身，也是很罕见的。

就个人情感而言，不管是友情、爱情还是亲情，其间的虚伪、狡诈和欺骗，真实、倾心与诚信，全部在胡雪岩的情感心路中影印出来。

胡雪岩的一生是极为复杂奇特的一生，他是中国封建社会商人的典型缩影，更兼其终结了旧式的传统商人营商之道，开启了中国新式商人的先路，所以鲁迅先生称他为"中国封建社会的最后一位商人"。

目 录

Contents

第一章　天生商才

一、多梦少年

1. 钱庄学艺

胡雪岩，名光塘，字雪岩。生于 1823 年，祖籍徽州绩溪。徽州自古多商人，几乎全国各地都有徽商。受经商影响，加之胡雪岩面临父死家贫的困境，在十二岁那年，胡雪岩不得不离开母亲，一个人去杭州信和钱庄里做学徒，一开始只是做一些扫地倒便壶的琐事。

胡雪岩天生一双八面玲珑的眼睛，让人一看便知道他是个聪明人。他既肯吃苦，又能言善道，出手又大方，外加他有一张常开的笑口，所以人缘极好，几乎每一个人都喜欢他。于是，胡雪岩在三年师满后立刻成了信和钱庄一名得力的小伙计。

最初，胡雪岩在店里站柜头，东家和"大伙"慢慢地都觉得这个小伙计顺眼，便把收账的活交给他。胡雪岩做什么事都很认真，从没出什么差错，东家非常信任他。

但是胡雪岩并不想只当一个站柜头的小伙计，他要成为一个真正的商人。

在胡雪岩的时代里，商人的发展受制于旧的制度。由于商人在封建社会中被排在最末的地位，"士农工商"的顺序深入人心。因此，商人的发展与旧体制产生了冲突。官吏大大危害了商人的利益，小小的守门吏便能利用职权左右小商贩的生意。大官吏就更不用说，他要么用一些看起来"合情合理"的理由征收税款，要么干脆宣布该贸易为不合法。

在这种状况下，商人要继续经营其生意，必须调整好自己的应对策略。一般来说，商人通常避免与官吏接触，但这是一种消极应付的策略，因此有商人便想方设法与官吏阶层沟通起来，来获取保护。也就是说，商人要想增大活动范围就必须获得更大的官吏职位。

胡雪岩恰恰用了这种十分有效的策略。在长期发展的封建官僚制度内部有着一套十分完整的升迁制度与习惯，尤其是在不成文的习惯部分，在大官僚的帮助下使自己顺利升迁，已经是世人皆知的。这就是人们常说的"官官相护"，或者说"朝中有人好做官"。胡雪岩经常在外跑街，结识了许多挖空心思捐班升官的人，逐渐熟悉了这一套习惯。他心里很清楚，做生意要想获得更多的机会、承担更少的风险，必须有一个坚强的后盾。

在与这些人长期交往的过程中，胡雪岩的朋友越来越多。而与捐班盐大使王有龄的相识，使他有机会圆自己多年的梦。

2. 结识官吏

大多数走上仕途的人，一般也就是以下几种方法：一种是众多求学之人苦读圣贤之书，锥刺股、头悬梁，把四书五经、诗词歌赋背得滚瓜烂熟，把八股文章做得十分熟练，吃尽千般苦头，逐步求取功名。通过童生、秀才、举人、进士这四道关口走上仕途。运气好的，中了状元，披红挂彩，这正如诗中所说的"春风得意马蹄疾，一日看尽长安花"。从穷书生一转眼便飞黄腾达，金榜题名的人是数也数不清。另一种是天下大乱，社稷倾危，或社会动荡，或有外敌入侵，国家处于危难之际。这时候，血战沙场，抗敌立功，所以说"了却君王天下事，赢得生前身后名"。如果成功而回，获取赏赐，那同样是平步青云，泽被后世，同考取功名是一样的。

以上入仕者，或习武，或从文，为官作宦，来路光明正大，是不会招来非议的。但是还有一些人，既不会写文章，又不能沙场立功，这些人是不是就没有希望做官呢？事情并不是这样，只要有钱，照样能做官，甚至做大官！这说的也就是"捐官"。

查历代捐官情况，其中就有记载秦始皇二年（公元前245）左右，关中飞蝗成灾，庄稼饱受咬噬，天下大饥，使国库空虚。秦始皇十分着急，为解决此事，采纳丞相李斯谏议，下诏曰："凡百姓缴粟千石者，拜爵一级。"这样一来，有钱的人十分高兴，都纳粮求官，国库空虚的问题解决了，同时也缓解了社会矛盾。捐钱买官也从此深入人心。

到了清代发展成两种：一种是做生意发了财，富而不贵，为提高身价而捐官。就拿扬州盐商来说，个个都是花几千两银子捐来的道台，做了官，便与地方官平起平坐，成了"缙绅先生"，在公堂之上自然不用跪着回话；再有一种，本是官宦家的子弟，饱读圣贤之书，就是运气不好，每次都考不取功名，年纪大了，家道慢慢衰败，只好变卖家财捐个官做。

话说这年夏天，在"梅花牌"茶店里，胡雪岩与一名候补盐大吏喝茶聊天，这人便是王有龄，他正准备进京"投供"加捐。

王有龄祖籍福州。因父亲到浙江做候补道台，便随父来了杭州。他父亲到杭州并没有得到过什么实惠的实缺，旧病复发，十分郁闷，不到一年就死在杭州。王有龄没有能力把父亲送回老家下葬，且家乡也没有什么可以依靠的亲友，只好呆在杭州。王有龄的父亲在世时，也曾为他捐了一个盐大吏的官衔，但和其父一样未有实缺，原本想再捐个县令、道台，因为没有钱，只好作罢。这时候的王有龄，只剩下一个穷酸读书人的架子，无事可做，天天到茶馆消磨时光。

胡雪岩和王有龄的相识是偶然的。离开了茶馆，胡便邀王到酒肆饮酒吃饭，王有龄也就欣然前往了。通过这次谈话，王有龄把自己空有一腔抱负、但苦无资本来开拓前途的心事告诉了胡雪岩。

最初，胡雪岩打心眼里瞧不起王有龄，因为胡雪岩认为，读书人做官要走正途，而王有龄却只想拿钱买官做。虽然捐了官却无钱去"投供"。

清朝时，捐官先是获得一个虚衔，有一张吏部所发的"执照"，才有做某一类官员的资格，如果要想补缺，首先到吏部报到，这叫"投供"，然后抽签决定到某省候补。王有龄还没有"投供"，更别说补缺了。

胡雪岩了解这里面的道道，不由灵光一闪，眼前的王有龄不是等闲之辈，我要是能帮他进京"投供"，以后他成功了，便是我发财的有力靠山！

胡雪岩虽然读书不多，但很聪明，对"否极泰来""乐极生悲"这类话体会很深。他在钱庄干活，天天与钱打交道，对于那些一夜暴富、飞黄腾达的人，还有那些万贯家产毁于一旦沦为乞儿的人，不知看过多少了！在他看来，当官也好，做民也好，都全凭一个命字。胡雪岩喜欢听说书，"昨日阶下囚，今日座上宾"、"落难公子，小姐赠金，金榜题名，洞房花烛"。每当听到这些故事，胡雪岩就十分兴奋。

胡雪岩认为只要有贵人相助，王有龄一定会飞黄腾达的。胡雪岩20出头，年龄尚轻，他把自己想象成救人危难的豪爽之士，虽算不上"贵人"，但有五百两银子还没给老板，可以用来帮助王有龄捐官。

当时，胡雪岩手上刚有笔款子是吃了"倒账"的，对钱庄来说，要把它收回来是十分困难的，早就把它当"死账"处理，即使收回来，也只当是意外收入。

欠债人的靠山是绿营的营官，钱庄也知惹不起他，只好自认倒霉。巧的是此人与胡雪岩很谈得来，便成了朋友。他欠的债别人收不来，可胡雪岩一开口便不一样了。加之此人最近又发了财，当胡雪岩登门说明来意后，他很干脆地便把借的钱都交还给了胡雪岩。

胡雪岩当时心里琢磨，反正这笔款子钱庄已当作无法收回的"死账"处理了，把它借给王有龄，说不定对我以后有好处，即使他还不了，也不会让钱庄有什么损失。因此，他便想助穷困潦倒的王有龄重新振作起来。但是，钱庄这一行最忌讳的就是私挪款项，更何况胡雪岩此时还只是钱庄里的一个伙计。一旦他自作主张将这笔款项转借给王有龄，轻则会坏了他的名声，重则很有可能会砸了自己的饭碗。因此，如果他将这笔项款转借给王有龄，实际上是在为自己的后半生赌博。对于常人，要下这样的决心是很难的，然而胡雪岩的过人之处正在于此："看准时机，便决定出击，不让机会溜走。"于是他决定私底下借款给王有龄，资助他进京"投供"。

3. 资助"投供"

王有龄不明白胡雪岩什么意思，他心不在焉地呷口茶，冲胡雪岩拱拱手，便想走。胡雪岩眼看王有龄要去，感觉仿佛要失去一次重大机会。这时胡雪岩当机立断，做出了一生中重大的决定，下注在王有龄身上。

胡雪岩急忙开口说道："老哥不忙走，请看一样东西。"胡雪岩小心翼翼从衣兜里掏出一张 500 两的银票。原来老板当初让胡雪岩去讨一笔账，因为没有把握，所以并没有抱多大希望能讨回，故而胡雪岩未把银票交回钱庄，他想用这钱作本钱，准备做一笔大生意，如今把本钱都押在王有龄身上。胡雪岩很有远见，他认为以人赚钱才能赚大钱，选对了人，就如同有了铁的靠山，发财就容易多了。然而正是这种远见成就了一代巨商胡雪岩。

当时，王有龄呆呆地望着银票，一下子愣住了。胡雪岩说要把钱送给他进京"投供"，他不敢接受，因为他实在是还不起啊！

当他知道胡雪岩的心意时，对胡雪岩感激涕零，拜了又拜。于是两人便交换帖子，拜了兄弟。胡雪岩又叫上酒菜，举杯庆贺，预祝王有龄马到成功、衣锦荣归。两人侃侃而谈，仿佛亲兄弟一般。

次日，胡雪岩送王有龄北上，依依惜别。秋风鼓动白帆，客船飞快远去，运河水面百舸争流、千帆竞发。胡雪岩望着远去的客船白帆，心想："王有龄啊，王有龄，成败在你啦！"

让胡雪岩放心的是：如果王有龄一旦飞黄腾达，一定不会忘了他的。

其实胡雪岩正是拿饭碗来赌博，赌自己的将来。他怀着巨大的勇气，用长远的眼光"放长线钓大鱼"，一旦成功，前途不可限量。

谈到这，不得不说起与他同一个朝代的四川巡抚吴棠。

吴棠开始在江苏的一个小地方做知县。一日，有人来报，吴棠的一位世交过世，送丧的船刚好经过这里。吴棠便命人送去 200 两银子，还说好要去吊唁。

差役回来一说，才知道把钱送错了人，吴棠十分恼怒，立刻命令差役把 200 两银子追回来。

身边的书办便劝他，送出的礼再要回，有伤知县的面子，不如顺水推舟做个人情算了。吴棠觉得也对，次日还亲自去船上吊唁。

原来，银子被错送给一家送丧的满洲姐妹，俩人因为家中衰败，不得不亲自送丧北上。一路上风餐露宿，着实可怜，在这却遇到父亲的故交。

吴棠也就将错就错，吊唁以后，又和两姐妹交谈一番，关怀备至，这才起身回府。

但是谁又能想到，这两姐妹之中的姐姐，以后成了历史上著名的慈禧太后。

慈禧念念不忘吴棠，多次询问朝中的大臣，大臣投其所好，借机擢奖吴棠。吴棠便平步青云做了高官，要不是自身才学平庸，太后甚至想把他提为封疆。吴棠最后做到了巡抚，威风一时。

吴棠是"阴差阳错"得了便宜，而胡雪岩则是处心积虑，有心为之，不知能否成功。

二、塞翁失马

1. 赶出信和

胡雪岩把借钱的事说了出来，还写了一张有王有龄出面的借据送到"大伙"手中，这可坏事了。

钱庄老板对胡雪岩的自作主张十分恼怒，把店里的钱拿去做人情，不仅使钱庄的钱流失，还在店员中造成很坏的影响。尽管胡雪岩坦言相告，但如果其他的店员也学胡雪岩这样，那钱庄的生意就做不下去了，信誉也全丢了。

同行中有和胡雪岩熟悉的人都说，胡雪岩这么精明的人，不会做这种傻事，说不定是吃喝嫖赌，欠下了债，便挪用了钱，然后编出这样的故事。

说到底，胡雪岩这种人是不能用了。不但原店不能用，而且同行也不能用，虽然同行都明白他的能力，但也不敢用这种不讲信用的人。胡雪岩在杭州无法立足，最后只好离开杭州，流落到上海。

胡雪岩在上海，由于找不到活干，生活十分困难，只得出卖体力，每天也只能喝开水、吃烧饼，最后实在没办法时，还把长袍也给当了。

找不到工作，最后只能又回到杭州，别人介绍他在妓院扫地挑水。

这是一段难熬的苦日子。胡雪岩只是把钱赠给了王有龄，王有龄捐官到底成功与否，他也不清楚。他只能在心里默默念道："王有龄啊王有龄，但愿你仕途顺畅，我胡雪岩才有救啊！"

古人云：天将降大任于斯人，必劳其筋骨，饿其体肤。意思就是说一个人想成功就必须学会忍辱负重。胡雪岩之所以能白手起家最后发达起来，就是吃透了这个理儿。所以对于为资助王有龄北上"投供"，而砸了饭碗的事他也并无怨言。

胡雪岩为了资助穷困潦倒的王有龄"投供"，把自己的饭碗给砸了，别人看来都认为他傻。但知其不可为而为之，知其不可赌而赌之的做法，正体现了胡雪岩过人的胆识和气魄。尽管胡雪岩这时已经沦落到吃"门板饭"的地步，但他仍然坚信，自己把宝押在王有龄身上绝非一时冲动，而是明智之举。事实也证明他的选择是对的。

2. 卖猫传奇

如果你认为胡雪岩只是个当小伙计的料，那就大错特错。他在早年就显示出自己在经商方面过人的天赋。

胡雪岩早年家里很穷，能典当的东西少之又少，于是他就想把自己家中一只猫卖掉；但一只猫能卖几个钱，他老婆也说他是穷疯了。胡雪岩突然灵机一动，悄悄地对他老婆说了一通，他老婆听了直夸他聪明。

第二天，胡雪岩出去办事，他故意在门口大声嘱咐他老婆：

"好好照看我的猫儿，这种猫全城找不出第二只，千万不能让外人知道。要是被人偷走了，那就要我的命了。"

胡雪岩每天都说一遍，外人听了，也不由产生好奇之心，很想看看这猫到底好在什么地方。可是，胡雪岩老婆管得紧，谁都没见过那只猫。

有一天，那只猫挣断绳子跑了出来，胡雪岩老婆赶紧把猫抱了进去。在场的人眼快，看到那只猫遍体的毛须是一片干红。看了的人是又惊奇又眼红。没过多久，消息就沸沸扬扬传开了。

胡雪岩回家得知此事后，故意对他老婆又打又骂。

不久，这件事让一个富绅知道了，于是这个富绅就派人用高价来买这只猫，胡雪岩死活都不卖。越是这样，富绅就越想买，价格出得越高。后来好说歹说，只让富绅看看。看了之后，富绅更觉稀罕，无论如何要得到这只猫。最后，胡雪岩竟把这只猫卖了三十万文的天价。

富绅买走猫的那天，胡雪岩哭得死去活来，整整一天都愁容满面，长吁短叹的。

富绅得了猫，便想调教好了送给皇上，博取皇上的欢心。可是，不久猫的颜色渐渐褪去，成了一只普通的白猫。富绅知道自己受骗，再去找胡雪岩，哪知胡雪岩早就搬走了。

原来，胡雪岩用染马缨的方法把猫给染了，染的次数多了就成了干红色，而他的那些话以及打骂老婆也是个幌子，只不过是借以引起人们注意罢了。

胡雪岩就是在诈骗，这只猫其实就是假货。

3. 指点老农

在家乡，有一位老农凿渠开荒造了一片水田种水稻。可是不巧碰上水涝，稻田里排水不畅，造成歉收。于是，他向胡雪岩请教，胡雪岩则告诉他："再种三年水稻，你可有发财之机。"

老农听了胡雪岩的话，第二年仍然种水稻，可又碰上大水，歉收了。

第三年一如既往，有人劝他不要种水稻，改种旱地作物，可老农并没有这么做。

第四年，碰上了大旱，旱地颗粒无收，而水稻却获得了大丰收。第五、第六年又是两年大旱，此人连着三年都获得了大丰收。稻谷丰收卖了高价钱，总的一算，三年加起来赚的钱比前三年歉收亏的钱要多得多。

这正是胡雪岩根据气候长远变化规律来赚钱发财的一个例子。

中国古代经商高手陶朱公，传统商人都把他尊为"圣明"，他有一个公式是说："六岁穰，六岁旱，十二岁一大饥"，"岁在金，穰；水，毁；火，旱。"意思是说水旱丰歉是循环往复的。

于是，根据这一"水旱轮转"原理，胡雪岩认为：连年涝灾虽然使丰收的可能性失去，但也意味着机遇的来临，只要水灾时保本，老农可以等待旱年时的丰收。

胡雪岩生意经中就有这种技巧：借事物在两个极端之间反复轮回的规律而创造机遇。

《国语·越语》中也有这种"逆向造机遇"的记载。

> 臣闻之，贾人夏则资皮，冬则资絺，旱则资舟，水则资车，以待乏也。

后人将这十六个字浓缩为八个字，曰即：旱斯具舟，热斯具裘。干旱的时候，可以造船，以待雨季之用；盛夏酷热的时候，可以收裘毛皮开设皮革行，以待暴冷之用。按照这种技巧，就能发现机遇并好好把握。古代的范蠡，还有他的老师计然，以及被司马迁尊为"治生之祖"的白圭，都是按照这种方法成为富商的。

三、时来运转

1. 承诺兑现

正当胡雪岩霉运当头时，王有龄却时来运转。王有龄在天津落脚，住在驿馆时，听说一个要到南方某地查办的户部侍郎何桂清正住在天津。王有龄很是高兴，忙问了何桂清的住处，便去拜见他。

原来，王有龄小的时候曾和父亲在云南曲靖府知府幕下做事，何桂清是门子老何的儿子，同王有龄在同一家私塾读书。何桂清身份不如王有龄，但比王有龄聪颖，两人感情很好。后来，王有龄随父回福建，与何桂清分开，便再无联系。

何桂清天分极高，读书用功，科考屡屡中榜，从秀才举人做到了翰林，成了户部侍郎，又得皇上恩宠，做了江苏学政。

何桂清正处在春风得意的时候，这时，少年时的好友王有龄的到来令他十分开心。

两人促膝而谈，再叙情谊。何桂清是个重感情的人，为了帮助他，不仅赠银一千两，让他打点前程，还给吏部侍郎、浙江巡抚写条子，力举王有龄。

有了何桂清的帮助，王有龄便四处活动。没过几天，花银子加捐为候补州县，分发浙江，凭着一张崭新的"部照"和交银收据，回到杭州候补。浙江巡抚黄宗汉与何桂清是好友，又有一件人命案要何桂清帮忙，因此这荐条十分管用。没几天，浙江抚台黄宗汉亲笔提名委他做浙江海运局坐办，因为主管海上运粮，所以这个官职的油水颇丰。

王有龄时来运转当了官之后并没有忘记他的恩人胡雪岩。他曾经到信和钱庄找过胡雪岩，未果，又四处探访，但杳无音讯。

一天下午，王有龄做完公事后，闲得无聊，想去干寻花问柳之事，便和随从张保一起到杭州城中有名的长三堂子，恰巧碰上了当小厮的胡雪岩。原来，胡雪岩四处求职，一无所获，幸亏"醉花院"有个旧相好，他才能在院里当小厮，侍候牡丹姑娘。长三堂子本是一个不干净的地方，姑娘地位低下，小厮就更没地位，谁都可以打骂。胡雪岩在辛苦劳作之时，听着嫖客姑娘的寻欢作乐之声，心里真不是滋味儿。他忍辱负重，坚持下去，谁想今天竟碰到了王有龄。

王有龄见到胡雪岩，看见自己的恩人在受苦，而自己却寻花问柳、挥金如土，心里感到十分尴尬和内疚。

胡雪岩却认为，既然王有龄来"醉花院"嫖妓，说明他时来运转，有了钱，一定是"投供"成功，当了官了。

这一刹那，胡雪岩忧愁散尽，他明白，自己这一注押中了！

为了感谢胡雪岩，王有龄一到"海运局"上任，便帮胡雪岩重拾饭碗。

王有龄想为胡雪岩出口恶气，摆一摆官派头，但胡雪岩不同意，其实胡雪岩心中却另有打算。俗语说"和气生财"，只有把商界的同事都笼络起来以后才会发大财。在任何时候都能在冷静分析形势后再做出正确选择，胡雪岩确有过人的地方。

钱庄上上下下的人知道得罪了胡雪岩，他现在背后有王有龄做靠山，这一回他们吃不了兜着走，人人心里都害怕极了。

胡雪岩却没有为难他们，为了收买人心，他花了一个上午替每人准备了一份礼物，叫人挑着礼物和他一起去钱庄。

胡雪岩的举动让大家吃了一惊，也都更加佩服他了。

这一日，钱庄的"大伙"过寿，胡雪岩做了一个纯金的"寿"字作为寿礼，送给"大伙"，并且还把王有龄介绍给他认识。"大伙"感激之至，从此便与胡雪岩成了"两肋插刀"的朋友。在寿宴上，胡雪岩不断地给到会的老同事、新伙计、客户们分送着各式各样的礼物。

所有的人都没想到胡雪岩不但不计前嫌，还跟没事人一样，而且还给每人一份礼物。众人拿着礼物私底下纷纷议论道："胡雪岩真是一个大度的人。"

凭着自己的心计，胡雪岩收服了人心。时运不计时，不找朋友麻烦；得意时也不会忘了朋友，这便是胡雪岩留给人的印象。

王有龄对胡雪岩的所做所为十分敬佩，以后无论事情大小都要先向胡雪岩请教。

胡雪岩也正是依靠王有龄，从此在商场上出人头地，步步高升。

2. 官商之路

胡雪岩生活的时代对于商人来说很特殊，因为这时洋人叩开中国大门，旧的体制被冲击，社会动荡不安。

封建社会里，权力具有这样一种属性：无赖只要当上皇帝也能统治国家，太监架空君主也能把持朝政，就连小小衙役因掌握打板轻重大权，也能拿红包。

既然很多掌权的人能利用权力发财，并使权力"增值"，所以我们把"传统官员"也可以叫作"传统商人"。

中国传统商人大多有政治头脑，而中国的官员也大多有经济头脑，不是善于理财能富国利民，就是善于生财搜刮民脂民膏。像吕不韦，从做"太子"的买卖中大赚一把。所以，范蠡、子贡、吕不韦、桑弘羊，我们既不能说他们是纯粹的官，也不能说他们是纯粹的商，只能说他们是官商的综合体，既能以商经官，又能以官经商。

到了晚清，这种状况发展到了极盛。官员大肆运用自己的权力营私舞弊、中饱私囊。有一句诗说得好："衙门堂堂八字开，有理无钱莫进来。"

权钱交易，索贿行贿本身就是互相利用、尔虞我诈。《汪穰卿笔记》有这样的记载：有一个候补道为某银行总办取得某省开矿权，总办答应给他几万银子做报酬。但数月之后，事情成了，总办却不肯露面，把报酬的事赖掉了。待候补道问其事时，总办却装作不知，说："我是凭自己的能力获得开矿权，至于报酬，我怎么能答应你这种事呢？"

通过这段记载，我们可以看到，权钱交易在官商两界是大家默认的，理所当然的事，官为商办事可以索贿，登门要账。但是总办赖官账的事还是少。也就是说，通常情况下，权钱交易中，钱还是不如势，经商的人总要找官来做靠山。

捐官使胡雪岩开始了经商历程，捐官也造就了一代"红顶商人"。自此，胡雪岩的经商事业可谓一发不可收拾。

第二章 初显身手

一、点化王有龄

1. 巧改漕运

胡雪岩经常嘱咐王有龄:"官地如战场,做官犹如经商,水涨船高,人抬人高,只有这样生意才做得好,官才越做越高。你初来乍到,背后虽有何学台做靠山,但抚台、藩台、粮道,所有的人都要加以安抚。要想办事不出差错,就要各条路都打通。"

胡雪岩十分精明,他早就算过:"等着让贪官勒索,还不如自己主动一些'孝敬'上去,也能算个人情,官心里明白,日后自会帮忙,那就好办啦!"

一个人要想成大事,出手要大方,行事也要开阔。胡雪岩这样帮助王有龄,王有龄必定是一路顺畅。因为上司是不会笨到公然索要贿赂的。所以,懂事的部下要能想长官之所想,供长官之所需。胡雪岩在这方面恰恰是个老手。

王有龄把胡雪岩的话牢记在心,奉为至理名言。

王有龄按胡雪岩所说的做,果然十分有效。由于抚台大人对王有龄关爱有加,没多久便把催运漕粮的活交给他了。

但是由于浙江的情况很特殊，使运送漕米的肥差变成了苦差。浙江上一年闹旱灾，河道水变浅，行船困难，加之钱粮没有征齐，到了九月还没有启运。同时，浙江负责运送漕米的前任藩司与抚台黄宗汉不和，因为在漕米问题上没有处理好，被黄宗汉抓住把柄，被迫自杀。王有龄上任后，现任藩司害怕重蹈覆辙，不想管漕运，以河运改海运为由，交给王有龄管理。海运则是由浙江到上海再从上海用沙船运到京城。漕米是朝廷"公粮"，要足额准时运往北京。王有龄能否办好，关系到他的前途和命运。但按常规的话有很大困难，一是浙江漕米欠账有三十多万石之多；二是运力不足，漕米改为海运，实际上是把漕帮的饭碗砸了，漕帮是不会卖力的。

王有龄管理海运局后，让胡雪岩做了一名主事，替他处理具体事务。胡雪岩上任后，凭着努力和聪明便把其中赚钱的方法都摸清了。原来海船北上，一定会经过上海，以上海低价的、质量差的米充当好米，两地的价格相差很多。胡雪岩便给王有龄一说，开空船到上海，收购上海粮商糙米再送到京城。价格仍是浙江的粮价，这样问题解决了，还赚上万两银子。

原本看起来不可能完成的事，让胡雪岩的一个就地取米的计策解决了，这实在是胡雪岩的高明之处。

2. 初涉江湖

清朝京城的米粮是沿京杭大运河从苏杭地区调运过来的。漕运就是管理粮船北运事项的工作。咸丰二年（1852）3月，南京被太平天国攻陷，使漕运岌岌可危。朝廷在浙江设立"海运局"正是为了保证京城粮源，而且海上运粮既安全可靠，运量又大，时间也短。

王有龄上任"海运局"坐办后，抚台为了完成运粮任务，便让他买商米来代漕米，江南各省官员的命运都系在漕米运达的速度上，买商米的银款，胡雪岩也早就到原来的钱庄解决了。

要想解决漕米的问题，必须要松江漕帮的协助，上海通裕米行是松江漕帮的，门面很大，存有几万担大米，胡雪岩从朋友口中得知，松江漕帮想把手中十几万石米脱手。胡雪岩正是要让漕帮将这批大米卖给海运局。

为了达到目的，他又打听到漕帮中的一把手姓魏，人称"魏老五"。胡雪岩知此事难办，但如果成功，浙江运米的任务就能完成，还一本万利。为此他亲自上门拜访魏老爷子。

胡雪岩跟着好友刘老板与王老板，来到了魏家。不巧的是魏老爷子不在家，他的母亲请三人在厅中候茶。没见到魏老爷子，刘老板和王老板很失望，但是胡雪岩眼光锐利，看出这位老人十分威严，似女中豪杰，必定是个说话极有份量的人。他心里盘算，若说动了魏老夫人，这事就八九不离十了。

胡雪岩以晚辈的身份来拜访，显得彬彬有礼。魏老太太用眼光扫了胡雪岩一眼，很傲慢地请他们坐下喝茶。魏老太太直截了当地便问："不知三位远道而来，是为何事啊？"

胡雪岩表现得很谦虚，他对魏老太太说："魏当家的威名远扬，我慕名而来专程拜访，想与魏大哥结为好友。"

互相寒暄之后，应魏老太太的要求，胡雪岩便把来意向其说明。魏老太太没有立刻回答他，只是闭上眼睛沉思了一会儿，胡雪岩也不知她想些什么。过了很长时间，魏老太太又缓缓地睁开眼睛，紧盯着胡雪岩说："胡老板，你也明白这样会砸了我们漕帮的饭碗，虽然我老太婆很少出门，也知道你胡老板若有钱在裕丰买米，裕丰是不敢不卖的，但若只是垫米，对你对我都没有好处吧！"

魏老太太这么一说，胡雪岩不但没退缩，反而大胆地说："老前辈，我打开天窗说亮话。如今朝廷战事迫急，浙米京运更是朝廷的大事，如若误期，朝廷追究下来不但我等难脱罪责，我想，漕帮也难辞其咎吧！老前辈若为漕帮的人着想，就不要在河运上出问题，若是上面追查下来，被判个通匪的罪名，又怎么对得起漕帮兄弟呢？"

江湖上的人，讲得是一个"义"字，胡雪岩抓住魏老太太的弱点，使她不得不慎重考虑此事。

胡雪岩接着又强调其中利害，使得魏老太太终于答应帮助他。接着便派人去把他儿子魏老五叫来。

不一会儿，一个约莫四十多岁的男子，风风火火地冲了进来。他一身肌肉，个子不高，面目黝黑，目光如炬，一看便知是个厉害的角儿。不用多说，此人正是漕帮现在的执事魏老五。魏老五向魏老太太请安后，魏老太太把三人介绍给魏老五，魏老五知是贵客，客气地称胡雪岩为"胡先生"。

魏老太太说："胡先生虽不是江湖上人，却有一颗侠义之心，老五你一定要交这个朋友，往后称他为'爷叔'吧。"

漕帮对帮外最好的朋友也称之为"爷叔"，虽然胡雪岩连连推辞，但漕帮帮主已经改口叫"爷叔"，此事也就定了。从此以后，漕帮上下都称胡雪岩为"爷叔"。

当晚，魏家华灯高掌，杀鸡宰鹅。几个人坐在桌前频频举杯，以贺友情。就这样，胡雪岩凭着自己的机智，凭着自己能言善辩，与漕帮的老大成了生死之交。

胡雪岩以他的见识和懂"门槛"，被漕帮尊为"门外少爷"，也得到了松江漕帮龙头老大的信任，借垫大米的事自然解决了。

但是通过谈话，管理漕帮具体事物的"当家人"尤五仿佛有难处没说，胡雪岩都看在眼里。朝廷提出漕米由河运改海运的确给漕帮造成了不小的困难。江南苏、松、太一带向朝廷输送粮食，原来都是从杭州到京师由运河运输，所以叫漕运。分驻各地管漕运的都是官船，又叫漕帮。漕帮靠运河吃饭，但由于黄河淤积加重，有的河段成为"地上河"，运输状况差，又经常断流，所以到道光初年，有改为海运之议，先从浙江开始。

这样一改的话，自然是断了漕帮的生路。松江漕帮也就陷入困难之境了。一方面无漕可运，收入大减，无法正常地维持弟兄的生活，帮里拉的亏空更无处去补；另一方面，要上京活动朝廷，恢复河运更需要一大笔资金。那十几万石大米本来就是要换成现钱，用来应急的，如果垫付给浙江海运局，收不到现钱，只能赚些小钱。这可难坏了尤五，但又不便在胡雪岩面前明说。

胡雪岩知道了尤五的难处，自然不会不管。他有自己为人处世的原则：第一，"不好只顾自己，不顾人家"。如果别人有难处，便不能再麻烦别人，自己去想办法解决。第二，要能够把别人的难处当自己的难处，并帮人解决难处。胡雪岩知道了漕帮的困难，便让信和给漕贷款，帮助漕帮解决困难。实际上，很多钱庄这时已不愿冒险向处于困难之中的漕帮贷款，正是胡雪岩的面子，才得以成功。

胡雪岩先是和买米的钱庄总管张神康说好，让漕帮把退回的米卖出后得到现钱再收账。张神康自然要给胡雪岩这个面子。

解决了买米的事，尤老五更加敬佩胡雪岩。

通过这件事，胡雪岩成功地收服了尤老五。从此以后，漕帮对胡雪岩要的货，都是有求必应。胡雪岩的米船货运更是一路畅通。更为重要的是，他从漕帮尤老五口中得到了大量的商业机密，使他对市场行情了如指掌，能在商业活动中抢占时机。

从商业的角度来看，为别人排忧解难，就是为自己的生意扫除了障碍，可以收到意想不到的效果。胡雪岩之所以能帮漕帮渡过危难，既有商业上的目的，更是其个人品质的体现。正是胡雪岩能想他人之所忧，解他人之所难，而不是只顾利益不顾朋友，才能与漕帮成为至交。

胡雪岩通过努力终于与松江漕帮达成协议，解决了王有龄漕米京运的问题。就是先由松江漕帮在上海的通裕米行垫付十几万石大米，让浙江海运局把漕运按时运往京城，等到浙江漕米到了上海，再把米还给漕帮。

在胡雪岩的帮助下，王有龄上任后最难办的事终于得到解决。

不过，这个时候，王有龄与胡雪岩商量，想直接收购松江漕帮的大米，从信和借一笔钱，把松江漕帮的大米直接买下来，完成交兑任务，然后再把浙江的那批漕米囤积起来。

之所以这样做，是因为王有龄得知局势有所变化。洪秀全已经自立国号为太平天国，开国称王。洪秀全改江宁（今南京）为"天京"，号称"天王"，设置官员，定下朝议，发布禁令。并由"天官丞相"林凤祥、"地官丞相"李开芳率军出征，太平军一路大捷，夺镇江，渡瓜洲，攻潍扬，势不可当，要北取幽燕。与此相应，朝廷为了抗击太平军，派钦差大臣出江宁，扎营于城东孝陵，围住太平军。又派钦差大臣直隶总督琦善领陕西、直隶、黑龙江三路大军，由河南南下，与林凤祥、李开芳正面交锋。

时势不稳，朝廷注定要和太平军大战一场，但据王有龄观察，只要朝廷加紧练兵，办好粮饷，胜利不成问题。

开战在即，意味着做粮食生意将大有可为。历朝历代，只要一打仗，粮价非涨不可。把粮食囤积好了，肯定能发大财。然而，胡雪岩的想法却与王有龄不同，胡雪岩认为要遵从协约，而王有龄为赚钱要改变协约，把原来准备还给漕帮的大米囤积起来，在战争时期再高价卖出，还甚至想到就借漕帮的通裕米行来囤积这批粮食。胡雪岩对此事坚决反对，他对王有龄正色说道："虽然是个好主意，但我们不能那样做，否则的话，坏了江湖上的规矩，出尔反尔，以后就难做了。"

情、义二字是胡雪岩的办事原则。胡雪岩正是凭着讲义气，才能广交朋友，在生意界留下了好的口碑，他的生意也越做越大。初涉江湖，就如此讲信用，这是胡雪岩在生意上一个良好的开端。

二、东风之势

1. 米行斗法

胡雪岩这一次改漕运为海运的运米事情，干得干净利落，立刻轰动商界。但也有和他抢生意的，那就是上海隆昌米行的"老板"谭柏年。

"隆昌"米行的老板是石三官，是个苏州乡下的纨绔子弟，但谭柏年却主管一切事务，胜似老板。石三官继承了父亲的大笔财产和一家老米行，但石三官对生意买卖不感兴趣，只爱斗鸡玩蟋蟀的游戏，从不过目账本，把一切事务都交给谭柏年，只是收赚来的钱。谭柏年掌握大权，仗着自己是石三官的舅舅，以权压人，十分苛刻，伙计们都怕他。

论谭柏年的资历和才干，本可以开一家米行，做真正的老板。但时运不济，家遇大火，原本小康的生活沦落到一无所有的地步，只好给人做工，辛辛苦苦做到米行档手。但他的老板相继破产，使他不得不换了一家又一家。幸而上苍有眼，外甥石三官聘用他做"隆昌"档手，对他十分信任。谭柏年却想做真正的老板，他不满足于现状，觉得自己赚来的银子都交给外甥，很不划算。虽然外甥待他不薄，年俸可观，外加不少红利，但终究不是自己的米行。谭柏年打起如意算盘，要做老板，得靠自己的手段，略施小计，在账目上做手脚，石三官却暗地里看不出来，谭柏年得了不少昧心的钱。但小打小闹，成不了大事，要想大赚一把，得把米大量的卖出去。

谭柏年此刻便是寻找这种机会。

　　昨日，山东米商潘家祥抵达上海，谭柏年因为和他是老相识，便去码头亲自相迎。两人谈话之中，谭柏年知道了他要收购谷米，到北方去卖。此前，谭柏年从《申报》上得知中原地区大旱，庄稼又歉收，需要大量的粮食。把两件事联系在一起，便知潘家祥肯定要做一笔大生意。上海米行数不胜数，竞争激烈，谭柏年准备搏上一把，谈成这笔大买卖。

　　谭柏年用过早餐，吩咐备轿，去"福轩"客栈会见潘家祥。一路上，谭柏年脑中飞快盘算，思考见面时要做的事。今年苏州乡下风调雨顺、谷米丰收，隆昌米行趁机敞开收购，仓房里囤集了上万石新米，正等着买主。谭柏年干了30多年的米行生意，对其中的奥妙是再精通不过了。

　　凭经验，谭柏年知道像潘家祥这样的大生意人只愿和大米行做生意。谭柏年知道自己的"隆昌"米行在上海排在前列，很有竞争力。加之这样的大买卖，谭柏年能吃一大笔回扣，自己能剩不少钱呢！

　　令谭柏年没想到的是，胡雪岩已经捷足先登，与潘家祥签订了契约。

　　看到契约，谭柏年便明白这事已经定下来了。谭柏年十分失望，心里暗骂：胡雪岩这小子竟然到上海来抢饭吃！后悔自己把胡雪岩这个人给忘了。他没想到胡雪岩在海运局既收购谷米北运，还出售谷米。半路杀出个程咬金，让他空欢喜一场。按他盘算，隆昌米行的存米全部出手，他至少可得2万银子的外快，这下什么都没落下，恨得谭柏年直咬牙。

　　但是谭柏年并没放弃，他使出浑身解数，终于说动了潘家祥。

　　胡雪岩知道潘家祥变卦了，虽然得到了违约金，但他失去了一笔大生意，胡雪岩这次卖米，确实想做一次米行生意。因为海运局一直都是只购进不卖出，加之又是官府机构，没有什么赢利，所以胡雪岩想抓住机会大干一把。但是由于浙江大米丰收，价格下跌，而北方则天灾不断，十分缺粮，如果购得新米，南米北调，肯定会赚一大笔。

在这次行动中，胡雪岩想尽快找到一个大买主，迅速成交，因为时间越长对海运局越不利，到了海运季节，什么也没有了。胡雪岩的任务就是把新谷卖出，腾空谷房，以便再购米用来海运，才能万无一失。

潘家祥的做法，使胡雪岩十分沮丧，也让他处于十分不利的地位。山东富商潘家祥，垄断了北方民间粮米市场，在商场上说话十分有份量，胡雪岩以诚信为本，不想在商场上失信于同仁。

于是，胡雪岩决定把这笔生意抢回来。他沉思了一会儿，便想出了一套连环计。

第一环：寻找谭柏年的弱点。

胡雪岩一直在商场上摸爬滚打，极善于抓住对手的弱点和疏陋予以痛击，十分精准。他觉得，谭柏年做隆昌米行档手，一定会有不少油水去捞。

胡雪岩苦思冥想，把与谭柏年做过交易的情节都回想了一遍。胡雪岩凭着过人的记忆力，终于想起了一件事：当年同谭柏年做生意时，他并不在意谷米的价格，却只要高回扣，并把回扣存在"裕和"钱庄。胡雪岩知道这笔账十分蹊跷，一定是谭柏年私自存的。生意场上，胡雪岩见惯了档手骗东家，管账的人捞足了油水，老板反倒赔了。看来，谭柏年吃了不少售米的回扣。这次潘家祥与隆昌做生意，谭柏年尽其所能，恐怕也是为了吃一大笔回扣吧！

胡雪岩心中暗喜，只要把狐狸尾巴揪出来，自然是胜券在握。

第二环：抓住谭柏年的把柄。

胡雪岩十分聪明，以存二十万两银子为条件，让资金紧张的"裕和"钱庄的档手谷真豪告诉他谭柏年在"裕和"的存款账目。

谷真豪当然听胡雪岩的，他把谭柏年存银的日期、数目写得清清楚楚，都交给了胡雪岩。

胡雪岩喜出望外，从存银的数目，还了解到"隆昌"一直以来的状况，对"隆昌"是知根知底，而谭柏年的赃款也就让胡雪岩摸得一清二楚了。

第三环：入股"隆昌"米行。

胡雪岩使了一计，假冒"裕和"的名，让石三官知道了谭柏年的存银，知道了他的贪污行为。接着入股三成并负责米行事务，整顿米行，石三官全都答应了。

第四环：收服谭柏年。

胡雪岩并没有致谭柏年于死地。让他选择，要么坐大牢，要么为他做事，管理米行，还给他两倍的俸银。

谭柏年别无选择，只能跟着胡雪岩了。胡雪岩这时却教他等待时机，不要妄动。胡雪岩想到潘家祥毁约，对他已经不信任，现在与他谈生意一定不成功，让他钻进我们设的套，到时候他就是想不合作也恐怕不行了。

第五环：对付潘家祥。

潘家祥并不知道隆昌米行的人事变故，他对谭柏年十分信任。签约付钱后，潘家祥便回山东寻找合作人去了。其时，北方数省旱灾严重，庄稼连年歉收，饥民成群，出现了抢公仓、吃地主的状况。白莲教、捻军等团体起兵反对朝廷，到处打仗，民不聊生，形势十分危急。

朝廷严令各省抚督，开仓赈灾，安抚饥民，防止暴乱。

潘家祥看到这种情景，心中暗喜。由于饥民增多，粮食需求量加大，正可屯积居奇，只要等待时机，高价抛出，就能赚大钱。

他正要找个代理的人，这时恰巧一位自称主持直隶粮道的官员来访，说是要一批谷米来救直隶灾情，其实这人是胡雪岩请来的。潘家祥知道灾情严重，因为这几天已经有许多粮道官来求米源，都是为了挽救灾情。潘家祥都没有答应，是嫌他们那些人给的价太低。

让潘家祥高兴的是，这位粮道大人十分着急，出价又高，每石 15 两，要两万石谷米。潘家祥粗略一算，高出进价近两倍，净赚了 10 多万两。潘家祥心里高兴极了，但表面上却表现出为难的样子，说："现在江南到处在打仗，米价昂贵，进货十分困难，成本又高，我实在是不能再亏本了。"

粮道官早就清楚他的意思，便又每石加 2 两银子，潘家祥便欣然成交。

签约付定金后，粮道大人故意说给潘家祥："我们签了约，你一定要守信，这可是朝廷的事，你我可都耽误不起。"潘家祥连连保证没问题。

潘家祥回到上海，只等谭柏年交货，也雇了 20 多艘快船等待装米。

可就要到行期，隆昌米行还没有装货，船老大便去问潘家祥。潘家祥正打着他的如意算盘，听说此事吓了一跳，赶紧打轿到隆昌向谭柏年问罪，这时他才知道，隆昌的老板已经是胡雪岩了。

潘家祥一肚子的火，到这时才明白自己被胡雪岩给暗算了。但是交粮在即，日子是一天也不能耽误，他们串通在一起岂能饶我，这可把潘家祥吓坏了。

潘家祥没办法，只好认宰，反以每石 20 两银子的高价买了胡雪岩两万石，这下自己亏了，胡雪岩反倒赚了个 10 万两。

2. 杀回信和

王有龄任胡雪岩办漕运，取上海糙米运往京津，一趟下来赚了上万两银子。

两人不知该怎么花这些银子，胡雪岩此时却想做回老行当，但银子太少，开了钱庄也没法做大。但狡猾的胡雪岩立刻想到一个主意说给王有龄听，王有龄直夸他聪明。

次日，王有龄身穿官服，头戴官帽，坐着轿子，一行人浩浩荡荡、威风凛凛地来到信和钱庄。信和钱庄的老板叫蒋兆和，一看来头不小，立刻出门迎接。王有龄此时摆起了官架子，鼻子里哼了一声，神色冷峻。蒋兆和又是泡毛尖茶，又是送热手帕。王有龄待宾主坐定，便声称要找一个叫胡雪岩的伙计，说自己去年曾向他借了 500 两银子，现在是来还钱的。这可把蒋兆和难住了，胡雪岩早叫他赶走了，上哪儿去找，便说了个谎："胡雪岩出公差去了，这几日回不来，您老把银子留下，我打张收条，回来给他就是。"

王有龄却给他脸色看，说非要找胡雪岩不可。王有龄大步走出钱庄，拂袖而去。蒋兆和心痛万分，知道自己干了天大的傻事，银子收不回，又得罪了海运局主管王有龄，悔不该当初赶走胡雪岩。

思前想后，蒋兆和决心找到胡雪岩。他派人四处寻找，皇天不负有心人，终于听说胡雪岩在杭州城买了一片宅院，很快便知道他的住地。蒋兆和置办了两罐绍兴花雕、十条金华火腿，又买些糕点糖果，叫伙计挑着亲自拜访胡雪岩。见到胡雪岩一身光鲜华丽，脸色红润，十分健康，蒋兆和心里暗叹：人不可貌相，这小子终究是发了。

胡雪岩见到蒋兆和，却十分冷淡，但蒋兆和没有放在心上。因为他明白胡雪岩已飞黄腾达，今非昔比，不可小觑。蒋兆和做为一个商人自然知道胡雪岩的份量，自己决不能放走这个财神。于是，蒋兆和便与胡雪岩攀谈，又是夸，又是捧，又是送厚礼。胡雪岩也就顺水推舟，渐渐接受蒋兆和，两个人亲热了许多。

蒋兆和于是便说明来意，让胡雪岩到信和当董事。一开始，胡雪岩故意推辞，最后也就接受了。蒋兆和心里清楚，只要让胡雪岩进信和，他们就像一根线上的两个蚂蚱，可以共同发财、共同进退了。

从这以后，蒋兆和在他身上下足了功夫，不是请他吃花酒，就是陪他郊游，三日一小宴，五日一大宴，胡雪岩也就由他安排，享受起来。一月下来，两人摒弃前嫌，成了至友。胡雪岩抓住时机，把一万两银子存到信和，存期 3 年。

　　一日，酒足饭饱之后，胡雪岩故作心事沉沉的样子，欲言又止。这下更引起了蒋兆和的好奇。再三追问，胡雪岩才对他说，原来海运局要找一家信得过的钱庄，存放 70 万两的公款，要随时支用。蒋兆和高兴得差点没跳起来，他的信和不过 20 来万两银子的底储，正愁底子薄没法做更大的生意。有了海运局这 70 万两，信和的实力便是杭州城第一。蒋兆和便求胡雪岩无论如何要将银子存在信和。

　　胡雪岩又提出一个要求，就是公款公用时，不能耽误公事。蒋兆和这时被利欲熏心，早就忘乎所以，根本没有注意胡雪岩的话外之音。

　　过了不久，信和钱庄果然存进 70 万两银子，蒋兆和顿时财大气粗，说话硬了不少。为了稳住蒋兆和，胡雪岩又告知，其中 30 万两银子可以长期人存，海运局不能一下子用这么多银子。蒋兆和这下是放了一百个心了，大手笔的放款吃息，生意一天比一天好。

　　胡雪岩当了信和董事，经常到钱庄走走，蒋兆和自然求之不得，他觉得同胡雪岩关系越密切，海运局这座靠山就越稳当。他甚至把钱庄的账簿都给胡雪岩看，以此来表示他们关系非同一般。胡雪岩本是行家里手，一看便知生意如何。这天，蒋兆和又将账簿给胡雪岩查看，胡雪岩发现由于放款太多，钱庄底银不到 10 万，这是钱庄的大忌。倘若有大户前来提现银，很可能出现危机。即使同行可以援手相助，也不可能完全付清账目。倘若钱庄不能兑现，传了出去，钱庄的用户都来提钱，那钱庄只能关门了。而眼下，唯一能提现银的大户，便是海运局。想到此，胡雪岩露出了一个狡诈的笑容，他知道时机来了。

　　第二天，信和钱庄刚刚开门，有两个公人，手持海运局坐办王有龄签发的条礼，说是要提银 30 万两。蒋兆和一听如遭雷击，现在只有 10 万底金，又上哪找 30 万两？慌忙中，蒋兆和安排公人稍坐，急急忙忙找胡雪岩商量对策。可是胡宅说也只有 5 万两可以调来。蒋和无奈，前去海运局求见王有龄。王有龄故意为难蒋兆和，并威胁到："这30万银子用来购粮运往江北大营，这可是朝廷的大事，误了军用，朝廷可要怪罪下来，要掉脑袋的。"其时，太平军正与清军在南京周围激战，急需军粮，蒋兆和知道利害关系，但苦无现钱，想推迟半个月。王有龄断然拒绝，还给了蒋兆和限令：几天后，还要把余下的40万银子做为饷银送到曾大帅那儿，不得有误，否则曾大帅亲自处置。蒋兆和一听差点没背过气去，他知道曾大帅执法严厉，说杀就杀，人送"曾剃头"。

刚出海运局，蒋兆和两腿一软，栽倒在地。

就在此时，信和钱庄柜台上，许多存户在拿着银票，要求提现银，他们显然已经得知钱庄亏空的消息。此举无疑雪上加霜，蒋兆和死的心都有了。恰在这时，胡雪岩奇迹般地出现，蒋兆和也舍下老脸跪在地上，泪流满面，求胡雪岩救命。这时，胡雪岩心里幸灾乐祸，心里很高兴但没有表现出来，反而表现出很痛心疾首的样子。扶起蒋兆和，让他不要着急，并大声向兑现的客户保证："信和是老招牌，又有海运局做后盾，一定不会错的。"人群中有人发问："海运局不是要提走存银吗？信和没钱，要倒闭了。"

胡雪岩神态庄严，正色道："我与王老爷莫逆之交，又在海运局做事，我怎么没听说，谁要是造谣，可是要吃官司的！"人们一下子都不说话了，杭城人都知道胡雪岩赠银给王有龄的事，他俩如同亲兄弟，胡雪岩的话不会错的。众人不再兑现，逐渐散去，一场危机总算渡过了。

蒋兆和十分沮丧，起身问胡雪岩缘由。胡雪岩便说，王有龄这样做，不是提银要公用，其实是想拿银子开钱庄。蒋兆和说该如何解决，胡雪岩在蒋兆和耳边小声说："王有龄当了官，还不是为了钱，他现在闲着，早想做生意开个钱庄，但没有本钱和人手，才一直没干成，如果大哥你聪明的话，何不做个人情让他入股，这样我们在一起做生意，哪有不火的道理？"蒋兆和听了虽然心痛，但知道这是个避免破产的好办法。他又问胡雪岩送多少股给王有龄，胡雪岩便握住他右手捏了捏，蒋兆和惊呼"50？"好像要了他的命。胡雪岩心中暗笑，明白蒋兆和是哑巴吃黄连，有苦说不出。信和在当初筹办时，蒋兆和共筹了10万两做本钱。由于蒋兆和股本占半数是最大股东，所以他全权管理一切事务，什么都是他说了算。别的股东股份少，只好由他做主，眼下王有龄一下子要去一半股份，白白损失5万两银子不说，这里面还有胡雪岩的10股，两人加起来超过半数，自己就不是老板了吗？对蒋兆和来说，由老板降低为伙计，自然是性命攸关的事，蒋兆和无论如何不愿意，他许久都没有说话。

胡雪岩知道他的想法，又煽风点火道："惹火了王大人，他要是真的全部提取70万两，你上哪儿找去啊！"

蒋兆和有气无力道："我想办法就是啦。"

"哼哼。"胡雪岩冷笑道，"你上哪找70万两来？再说蒋老板，信和与洋人合作做洋油生意，船在日本触礁沉没，这些钱都全亏了进去，你怎么补得上啊？"蒋兆和闻言脸色大变，原来胡雪岩对他的事了如指掌，这批洋油投进30万两银子，本是个赚钱的活，但人算不如天算，都赔了进去。我做得这么隐密，还是让他知道了。

"还不了粮银，王大人上告朝廷，你的脑袋想保也保不住啦！"蒋兆和一想自己面临杀头的危险，弄不好来个诛灭九族，惊了一身冷汗，断断续续说："我，愿意，奉送股份。"

胡雪岩知道蒋兆和想通了，想想以后还要用他来管理钱庄，话锋一转。"蒋兄，好汉不吃眼前亏，识时务者为俊杰。其实你也不用害怕，只要讨得王大人高兴，安心做你的老板，王大人在生意方面是个门外汉，主意还不是由你来拿？再说生意越做越大，你还怕钱赚少了吗？"

听了这番好言相劝，蒋兆和点点头，想想不仅能保住性命，而且照旧做老板，有了海运局做靠山，加上信和的老招牌在杭州城是同行中的老大，照样是要风得风，要雨得雨，何乐而不为。主意打定，蒋兆和便同意此事，还向胡雪岩道谢。

胡雪岩软硬兼施，既得了股金，又收服了蒋兆和。自此为起点，胡雪岩在生意场一发不可收了。

这一段时间往来，胡雪岩公私两个方面收获不小。公事方面，解决了漕粮代垫；私事方面，送给黄宗汉老家两万两银子。黄宗汉异常满意，还说要感谢他呢。

办完了公事，王有龄心中一直吊着的石子终于落下来，他深深体会到，胡雪岩是他一个必不可少的帮手，感叹地对胡雪岩说："我俩在一起，应该能成就一番大事业。"

胡雪岩便趁机对他说，自己想单独开个钱庄。胡雪岩早就看准，战争时期银价不稳，只要把握住进进出出，一定会赚大钱。

在当时，开钱庄最大的优势是道库、县库、公家的钱都由你代理，还不要利息，等于自己的本钱一样。他的计划是先把门户立起来，等到王有龄放了州县，自己可以代理公库、解省的公款。空的变成了实的，也就好办了。

他不仅看得准，而且还看得远——在兵荒马乱、市面不稳的年月，还能想到时局动荡之中隐藏着借势发财的机会。因此说，胡雪岩是一个经商的天才。

第三章 开创基业

一、创业之初

1. 开设钱庄

建立"阜康"钱庄，是胡雪岩创业的第一步。王有龄得胡雪岩资助进京捐官，回杭州成了浙江海运局坐办，成了肥缺。王有龄知恩图报，一回到杭州就四下里寻访胡雪岩的下落，并尽全力帮他。而且，王有龄希望胡雪岩在衙门里当他的帮手，合适的时候也想帮胡雪岩捞个官当当。

不过，胡雪岩却不愿意这样做，当王有龄问起他的打算时，他却回答道：

"我还是想做生意。"

其实胡雪岩最想开一个自己的钱庄，但那时他连一两银子的本钱也没有。

胡雪岩要办钱庄，因为他既熟悉钱庄这一行当，还看准了钱庄是他安身立命的生意，更能让他大显身手，获得源源不断的财富。

胡雪岩要筹办自己钱庄，但身无分文。不过他已经想好了资金的来源，便依靠王有龄来承办代理打点道库、县库的公银。也就是用道库、县库这些公库的银子做钱庄的流动资本，等于本钱是白借的。

当然，只有王有龄当上署理州县的什么职位才行。但是当时王有龄仕途刚刚起步，还只是浙江海运局"坐办"，不但不能给胡雪岩提供代理公款，还需要胡雪岩的大力帮助。因此，胡雪岩开钱庄他并不情愿。依王有龄的想法，待他在官场站稳了脚，再让胡雪岩开钱庄。这样的话，自己把官库里的银子让胡雪岩"代理"，在官场上也是很平常的事。

胡雪岩不这样看，他认为自己有了这个计划，就应该先开个门户出来。这时把钱庄办起来，虽然没有什么钱，但也搞起来了，让人一看便知是自己办的钱庄，等到王有龄得了州县，把公银放在钱庄内，钱庄自然也就有底银了。倘若一定等到王有龄放了州县得了实缺再开钱庄，官商两界都知道了王胡两人的关系，虽然自己也能代理官库，生意也有可能更好，那性质就不一样啦。人家会以为胡雪岩是靠王有龄才开的钱庄，也有人会说王有龄私自挪用公款、中饱私囊，真要是有人告上朝廷，他们俩可都要吃官司。

2. 招牌制胜

古代的钱庄又叫银号、钱铺。称钱庄的主要是上海、江南、华中一带。

我国古代的钱庄和西欧的银行一样，都从银钱兑换开始的。在中国，从银两和铜钱的兑换发展到银元和银两的兑换。从某种意义上讲，钱庄也是明清时期中国经济的一个组成部分。

胡雪岩在创办钱庄时，知道一个好的招牌名会给他带来源源不断的财富。他在题名写字这些文墨方面很有自知之明，便很正式地请教王有龄。不过，胡雪岩知道题字定招牌十分有讲究，当王有龄问他有什么要求时，他便提出了两条原则："第一要容易上口，听起来响亮；第二要与别人的区别开来，与众不同。至于要跟钱庄有关，当然越吉利越好。"

题招牌的关键所在就是要简洁明了，容易上口通俗易懂，听起来还要响亮，同时还要让人容易记起，不能用生假、绕口的字。

与别的招牌相区别，这是很重要的一点。使自己的商号既特别，又引人注目。从现代商务运作的角度来看，好的招牌体现一种与众不同的风格。

要适合自己的行当，就要符合自己行业的特点、身份，一看便知你是干什么的。

要大吉大利，这是每一个商人都讲究的地方。商场上，无论买方卖方，都是希望能够大吉大利的。总的来说，就是起名以别，起名以适，起名以吉。

就是根据这几点要求，王有龄取"世平道治，民物阜康"之意，选了"阜康"二字，胡雪岩念后十分满意。

3. 筹集本钱

鸦片战争以前，钱庄只是独贸式合伙经营的，没有现在所谓的股份公司组织，所以出资人要负无限责任。因为钱庄的信誉决定于出资人的财产，这表现在出资人再存钱入钱庄，称为护本或附本，或者把钱存到别家钱庄，以显示自己的经济实力，让人们相信。

许多钱庄同行组织在一起成立了钱庄同业公会，它不仅是谋求共同利益、联络感情的团体，也有业务的来往，如票据交换、银洋价格和议定拆息等工作。

中国商人还发明了"庄票"，就是钱庄的支票。所谓庄票就是几排红蓝印字，三五个印章和清晰可见的墨笔手书。它是最重要的信用工具，也是钱庄所签发的银钱凭证。

经商做生意，首先要筹备资金。所谓"巧妇难为无米之炊"，就商务运作的实际情况来看，本钱有多大，生意就有多大，或者说，生意做多大就需要多大的本钱。但没有一分钱却上来就做大生意，而且还想成功，这仿佛是天方夜谭。

胡雪岩却演绎了这样一个神话。

身无分文的胡雪岩要开钱庄，对外宣布有本钱 20 万两。而这时的王有龄虽已在浙江任海运局坐办，胡雪岩除了能从他那获得一点官势之外，并不能从他那得到资金的帮助。

可胡雪岩仍要开钱庄。他认为，先用几千银撑撑场面，本钱的事不成问题。

胡雪岩为何如此有把握，因为他早就想出了一个"借鸡生蛋"的高招。

胡雪岩的"借鸡生蛋"，就是借别人的钱来做自己的生意。一条渠道是信和钱庄垫支给浙江海运局支付漕米的二十万银子。这二十万两银子是胡雪岩和信和磋商来帮浙江海运局解决漕米问题的。信和愿意借这笔款是有原因的，一来王有龄回到杭州，为胡雪岩抢回了颜面，信和"大伙"张胖子正巴结着胡雪岩；二来信和也愿意和海运局拉上关系，为海运局代理公款往来必有大赚。同时还因为海运局是官方机构，能够代理海运局公款汇划，必定轰动上海商界。有了声誉和影响，信和自然答应把钱借给海运局。更加高明的是，胡雪岩把海运局短期应急借的二十万变成了长期借款，就是要用信和的本钱来开自己的钱庄。

胡雪岩的第二个渠道是，借王有龄在浙江的官势来代理公库。由于王有龄已经送了两万银子给黄宗汉，胡雪岩料定王有龄不久一定会外放州县。各级政府机构之间自然有灾害赈济、钱税征收等各种名目的公款往来。胡雪岩先知先觉，把钱庄办起来，王有龄一上任，公库的公款自然由他代理。再说这些公款不要利息，只要不误解送期限，可由代理钱庄自由使用。用大笔的州县公款，在时限之内进行周转，一定可以获得不小的利润。这等于白借公家的银子开自己的钱庄。

就这样，凭着王有龄的关系，胡雪岩从海运局公款中挪借了五千两银子。第二天，就招揽人手，租买门面，热热闹闹地开起了钱庄。

开张那天，许多富甲江南、名噪一时的钱庄巨头都来道贺。不只一些散的贺钱数多得数不清，而且许多老板的"堆花"存款也有几万。其余贺喜的同行也络绎不绝。钱庄门前车水马龙，杭州城里的人都很奇怪，为什么一个钱庄的"小伙计"开钱庄会有这么大的场面！他们不了解这都是胡雪岩"投资"的结果。在同行眼中，胡雪岩既是在商场上讲信用的人，又是在官场上吃得开的人。

4. 选用档手

一开始创业，在选用人才方面，胡雪岩很注重。而且，他在人才考察方面，方法也很独特。聘用刘庆生做"档手"就十分独特。刘庆生原本只是小伙计，在大源钱庄站柜台。在这之前，胡雪岩早就注意他了，认为他是个可造之才。胡雪岩先是考察刘庆生的性情如何，他知道刘庆生是余姚人，找来刘庆生之后并不急于谈生意方面的事，而是谈一谈刘庆生的家乡余姚，又从余姚谈到宁波、绍兴，谈了很长一段时间，刘庆生忐忑不安，有些着急了。好在他本来就有极坚忍的性情，对于胡雪岩漫无边际的闲聊还能忍受。其实，这正是在考察刘庆生的忍耐力；接着又从生意着手，问刘庆生钱庄的有关业务，看看他的反应能力以及对业务的熟练程度；又问他杭州城其他钱庄的牌号，借此了解刘庆生的记忆与观察能力。刘庆生一一作答，毫无差错，的确是个可造之才。

接着他要看看刘庆生做事能不能放开手脚。他知道刘庆生家中状况，便送他二百两银子，同时承诺年底有花红，解除刘庆生的后顾之忧。从伙计到档手，银子涨了几倍，胡雪岩不知刘庆生舍不舍得花这些钱、怎么花这些钱、有没有做大事的气魄。

让人欣慰的是，刘庆生用二百两银子包了个小院，把门面撑了起来，胡雪岩知道他做事是放得开手脚的，最后一层顾虑便消失。

于是，胡雪岩放心地聘刘庆生当了阜康的档手。他上任后的第一件事，就是筹备钱庄开业事宜，招聘钱庄伙计。招聘伙计是一件大事，自然要胡雪岩过问。按胡雪岩的原则，既然已经聘用了刘庆生，有些事就让他自己拿主意。因此，他只是对刘庆生提出了一个大的原则：用人不能看面子，要看了人再用。具体的工作，就放心地交给刘庆生去办。

这也体现了胡雪岩在用人上是"用而不疑，疑而不用"。一般来说，胡雪岩只在关系重大的决策上拿主意，而其他具体的业务就都交给手下办，从不随意干涉。在阜康钱庄开办之初，他就把阜康的具体事务都交给了刘庆生去办。他只是交待刘庆生，朝廷方面的生意，亏本的也要做，还交待他放款的时候要看准人。

结果证明，胡雪岩在用人方面确有独到之处，刘庆生不负众望，把生意打点得妥妥当当。

二、经营有方

1. 放长线钓大鱼

胡雪岩心里很清楚，要想经营下去，只有王有龄的鼎力支持和同行的"堆庄"是不够的，如何才能在广大储户中打开局面呢？胡雪岩知道，要放长钱钓大鱼。

开张那一天，客人散去以后，胡雪岩静下心来盘算开业的情况。他知道这第一步要走好，是取名还是谋利要想清楚，只有算准了这一步，生意才能越做越大。胡雪岩认真考虑了一番，明白要闯出个名头来，要让人感到在这里存钱安全，有利可图，现在亏一点没关系，关键还看以后。他灵光一现，想出了一条妙计，立刻把总管刘庆生找了过来，令刘庆生马上替他立十六个存折，每个折子存银二十两，把这三百二十两银子都挂在他账上。刘庆生一边按照胡雪岩的吩咐去办，一边心里直嘀咕，不知胡雪岩葫芦里卖的什么药。

刘庆生把折子办好之后交给胡雪岩，胡雪岩这才告诉他这其中的秘密所在。原来那些按他吩咐立的存折，都是给抚台和藩台的眷属们立的户头，把垫了底金的折子送给他们，自然就好办多了。

"太太、小姐们的私房钱，虽然很少，"胡雪岩说，"她们有了免费户头，我再把垫付了底金的折子送出，她们自己喜不自禁，四处传开，让那些达官贵人都知道，别人也都惊叹于我们阜康的手面。咱们阜康钱庄的名声岂不就打出去了，以后肯定财源滚滚。"

刘庆生听了之后，心里不得不佩服胡雪岩的手段。

刘庆生送出折子后，没过几天就有几个大户头前来开户。杭州城的其他钱庄还都蒙在鼓里，不知胡雪岩使了什么手段把大客户都拉去了。

胡雪岩既看准了那些达官显贵，又不忘下层社会的人。他知道，如果把下层社会的顾客群体把握住，积少成多，也是一笔不小的数目。更重要的是，虽然他们身份低下，但是往往能给你意想不到的帮助。这一点被胡雪岩善加利用。

打个比方说，在那些存折中，胡雪岩就特地为巡抚衙门的门卫刘二爷准备了一份。胡雪岩经常出入抚台，与刘二爷十分熟识，在这些折子里，他留给刘二爷一份，一则算是送给老朋友一份薄礼，二则是利用刘二爷是巡抚衙门的守门人，消息一定很灵通，说不一定以后有所帮助。

功夫不负有心人，后来刘二爷给胡雪岩送来了关于朝廷所发官票的重要消息，胡雪岩利用这次机会，发了一笔财。这次成功正是因为他能笼络小人物的人心。

有的人认为，胡雪岩做的是"舍本生意"。但胡雪岩的高明在于，不为小利所诱惑，敢于投资，放长线钓大鱼，得到的是更大的回报。

2. 哄大场面

阜康钱庄刚开业，就赶上太平天国运动。

朝廷为解决军饷问题，号召京里大吏和各省督抚捐输军饷，黄宗汉将"盘口"开给了湖州知州、海运局坐办的王有龄。王有龄按照黄宗汉的意思，拿出一万两代捐。王有龄原本想让信和钱庄汇往京城，但胡雪岩却将这笔钱要过来，他要提高刘庆生的资望，由他转手，从大源钱庄划汇往京城。

胡雪岩的用意在于：刘庆生是个新手，难免被同行瞧不起。生意的场面，还是要人捧场，刘庆生的资望越高，阜康就越有名气。让他代理黄宗汉去办理汇款，自然抬高了刘庆生的身份。抚台是一省天字第一号的大主顾，刘庆生有这样的主顾，同行自然很佩服他。而且，归根结底还是扩大了阜康的影响，在同行中传开，阜康的市面就会越哄越大，生意也会越来越好。

聪明的胡雪岩借此给自己的"档手"提高了身份，更扩大了阜康的影响力。

胡雪岩的这两招，体现了他过人的手段和胆识。说到底，做市面也就是给自己造势，千万别落了俗套。要想取得意想不到的效果，既要别出心裁又要有气魄有个性。

在阜康钱庄开业之际，通过这两件事，胡雪岩把阜康的市面抬了上去。

在他看来，要想把生意做好，就得把市场"哄"大。

三、创业胆略

1. 信义之举

胡雪岩在对人对事方面都体现了他目光高远，注重长远利益。

胡雪岩的阜康钱庄刚开张，绿营兵罗尚德便携带毕生积蓄的一万两银子要存在阜康钱庄。罗尚德是四川人，名声十分不好，年轻时嗜赌如命，在赌场上把祖辈留下来的家产输个精光，又把从老丈人那借的一万五千两也赔了进去。老丈人气愤不已，要解除婚约，告诉罗尚德只要撕毁婚约就不用还那一万五千两。血气方刚的罗尚德难以忍受老丈人这般羞辱，他当众撕毁了婚约，还立下字据一定要把一万五千两还清。

他离开家乡来到浙江，加入了绿营军。十几年来，他想尽办法，吃尽苦头，终于积攒了一万两，可现在绿营军要和太平军打仗，罗尚德不得不先把钱存起来。恰好他对胡雪岩的侠义之举早有所闻，觉得他是可靠之人，于是就带上他所有的积蓄来到阜康。

罗尚德这个绿营兵有一万两的积蓄，阜康的总管觉得这些钱来路不正，加之他又不要利息，四年之后只要本钱。店堂的总管也不敢轻易作主，害怕惹出事来砸了钱庄的招牌，只好让胡雪岩拿主意。

胡雪岩听说这件事后，觉得有些蹊跷，便设宴款待罗尚德。酒过三巡，胡雪岩和罗尚德就开始了推心置腹的谈话，罗尚德十分信任胡雪岩，把他的事一古脑地都告诉了胡雪岩。

胡雪岩听说之后，向罗尚德保证，四年后，若罗尚德平安回来，本钱一分不少，利息加倍；若罗尚德回不来，胡雪岩亲自把钱还给他的老丈人，了却他的心愿。

凭这几句话，罗尚德对胡雪岩的侠义心肠十分感激，他把钱一扔，存折也不要，就回绿营军了。

若以常理推之，胡雪岩的这一举措似乎有不妥之处。然而，立马有了意想不到的效果。胡雪岩的侠义很快就得到了回报。罗尚德到绿营军，把这事说给其他士兵听，这些马上要上战场的士兵都把钱存在了阜康钱庄。短短几天时间，阜康钱庄就有了绿营军三十几万两的存款，而钱庄开业之初本钱不厚的问题也就迎刃而解了。

2. 动用"堆花"

胡雪岩的阜康钱庄刚刚开业，就碰到一件棘手的事：浙江藩司麟桂要借阜康两万两银子，胡雪岩对麟桂并不熟悉，也没有来往，更何况胡雪岩得知他要调离浙江。据胡雪岩推测这次借钱很可能是用于填补他在财政的空缺。而此时的阜康刚刚开业，本钱并不丰厚，加上同业庆贺送来的"堆花"也只有四万现银。

胡雪岩很为难，他怕这笔钱打了水漂。即使人家不赖账，也不好到官府要债。两万两银子，对当时的阜康来说实在是损失不少。

按通常情况看，人走茶凉，一般钱庄的普通老板都表面上应付一番，打个马虎眼。不是"小号本小利薄，无力担此大任"，就是"创业未久，根基浮动，委实调度不动"。有出钱的，利息也是高得吓人，硬生生地把麟桂给推回去。

但是胡雪岩仔细斟酌，现在帮他解决困难，他自然不会忘记，到时用他手中的权势连本带利都能拿回来了。据知情人讲，麟桂这个人不太讲信用，现在他要调任，他不想让人抓住财政"空缺"的把柄，以免影响了自己的前途，所以急需一笔钱来填补"空缺"。

想到这一点，胡雪岩决定铤而走险。他把钱庄的"堆花"都贷给麟桂，所要的利息又极低，钱庄大伙刘庆生十分困惑，胡雪岩则说："作生意讲究的就是调度，'调'就是能调得动，'度'就是要有预算，银子的进出都要计划好。银子调来调去，一定不能穿帮崩盘。"

胡雪岩这么一做，让麟桂派去的亲信也感动不已，称胡雪岩实在是"有肝胆""够朋友"，让他有什么要求尽管向麟桂提，在卸任之前一定为他办好。胡雪岩十分狡猾，他并没有什么具体要求，只是希望麟桂到任之后，让阜康来代理江宁与浙江方面的公款往来。这一点点要求，对于麟桂来说自然是易如反掌。

胡雪岩这步棋走得实在是妙。尽管麟桂就要调走，但他临走前，仍然让"阜康"得到了巨大的回报：

麟桂找个理由，请朝廷户部明令褒扬阜康，这相当于是浙江省政府请中央财政部，给阜康一个正字的标记，不但提高了阜康在浙江的威望与影响，同时还方便了阜康办理汇兑京里户部与浙江之间的公款往来业务。

除此之外，江苏省与浙江省的公款往来，浙江省的额外增收，以及支援江苏省围剿太平天国的"协饷"，一并由阜康全权办理汇兑。

这样的回报，使得胡雪岩的阜康钱庄不仅不愁没有生意做，还把生意做到了上海和江苏，自此，阜康的生意渐渐地火了起来。

3. 认购官票

话说胡雪岩开设阜康钱庄未久，朝廷为了应付大量的军费开支，由户部（清廷财政部）发行了"官票"。

表面上，朝廷规定"愿将官票兑换为银者，与银一律"。但是，如果朝廷不加节制地滥发，在银两一定的状况下，官票必定大幅贬值。

清廷户部十分精明，通令各省布政使司衙门（也就是省库），每个省都要分提一部分官票。然后，再由各省布政使司衙门，强行分摊给省内的各个钱庄、票号等民间金融机构。也就是，朝廷用官票来换取民间的现银。

这种做法，许多人很担心将来票多银少，自己吃亏。杭州城的钱庄业者的大伙都聚在一起开会，商讨对策。那次同业聚会，胡雪岩没有参加，但他嘱咐刘庆生："我们现在做生意，就是要帮官军打胜仗，只要是朝廷的生意，赔钱也做。这不是亏本，是投资，官军一旦胜利，天下太平，我们就会有好处。到时候，我们是出过力的，公家自然不会忘了我们。"

按照胡雪岩的要求，刘庆生在公会上，抢先吃下了一万五千两的现银允诺，兑换"官票"。事实证明了这样做是对的，清廷打败太平军后，朝廷特地下旨褒奖承销官票有功的阜康，使阜康一下子扬名京城。

4. 经营奇招

胡雪岩凭着他的经验与胆识，"借鸡下蛋"创建了阜康，而且在存款和放款方面提出了自己的想法。

根据他的观察，他认为做钱庄，一直以来最大的竞争对手是山西票号。山西票号原以经营汇兑为主，以京城为根据点。近年来由于战乱频起，在这种状况下，把公款交往京城十分不便，因而票号无形中代理了县库与省库的职责来代理公款，既无须付利息，还有十分可观的汇水，利润自然丰厚。还有各省的巨商显宦，为了保险起见，把现款都汇到京里，也是一种存款。

胡雪岩借他人之长补自己之短。存款方面没有山西票号那样的有利条件，但也有自己的长处，就是在放款生息方面做文章。

王有龄当上湖州知府后，阜康更是如鱼得水。这时，胡雪岩有了本钱，也可大胆放款了：第一是放给做官的。由于官员的调补升迁，从一地迁往另一地的，也有许多在地方上当巡抚道台，主持一省钱谷、司法的大员，这些人都需要一大笔钱来做路费与安家费。这些钱一不愁赖账，二不愁利息不高。

第二项放款是放给在上海避难的内地乡绅地主之类。他们虽然很有钱，但在上海时间长了坐吃山空，自然需要贷款，这些人都是用地契来抵押，不怕他还不起。

胡雪岩深谙其中的道理，他说："我们长线放远鹞，线放得越长，飞得越高，几年之后，大局一定，自然就能连本带利都收回来。"

钱庄生意自然是以钱生钱，接受失败逃亡的太平天国兵将的存款，就是胡雪岩一个长远的计划。

多年战乱，胡雪岩料定太平天国必败无疑。向逃亡的太平军兵将融资，在不付利息的条件下接受存款，那些逃亡的兵将原本也不敢要什么利息，而胡雪岩将这笔钱用来放债，实际上是在做无本生意，利润自然高得惊人。

将这笔钱主要放给调补升迁的官员和逃难到上海的乡绅，这是胡雪岩放长线钓大鱼的周密长远计划。放款给调补升迁的官员，同山西票号"放京债"相同。所谓"放京债"，就是把钱借给外放州府的京官。这些人在外放过程中上上下下都需要花钱打点。于是这些人上任之前都要借上一笔钱，到任后再还上。"放京债"比"印子钱"的利息还高，而且借一万两只给七千两，同时还要有京官做保，立有借据，一有赖账便到都察院告你，自然要丢官。事实上这些人到任之后搜刮地方，一般都有能力还这笔钱。"放京债"当然是指放给那些由京里补缺放出来的官员，但由于连年战乱，道路难行，"送部引见"的常规渐渐被打破，官员不再到京城，而是直接到任了事。例如由江苏调入湖北任职，直接去就行了。这些人如果没有一笔钱做安家银子，自然不行。而这些人早一天到差，就多一天好处，利息再高也不怕。胡雪岩便学习山西票号，放款给他们。

放款给由内地逃难到上海的乡绅，也不会有什么风险。这些人老家都有很多田地，靠收租生活。初到上海，凭着身上有一些钱，天天挥霍无度、坐吃山空，时间一长自然要借钱度日。这些人借债，表面来看现在无力偿还，其实这些人的田产还在。如今太平军已成败局，江、浙一旦被收复，他们仍有自己的田地。现在可以让他们以田产做抵押，到时他们自然会连本带利全部归还。

胡雪岩精于算计。官军一进攻杭州时，他就预计到太平军必败无疑，失败的太平军肯定千方百计地隐匿私产，因此他吸引这些人把钱存在他的银庄里，这样就能够融资放债，以钱"生"钱。事实上，战后胡雪岩生意之所以全面发展，很大程度上归功于这一做法。根据当前形势找到良机，并将此良机变成数年后的摇钱树，这确实是他高明之处。

胡雪岩从钱庄伙计做起，这么多年来已经成了一个生意精。所以阜康一开业，存款并不多，总共也只有十万两上下，而且这些存款的日子都差不多，但他还是把大笔资金放在新的丝茧生意上。

刘庆生一看胡雪岩要调这么多银子，心里并不同意。当了这么长时间的档手，他知道钱庄要有大笔资金做底，否则周转不开，十分危险。胡雪岩明白他的想法，为了不让他担心，便把"无息币"的原理告诉他。胡雪岩说，我们做生意贷款，收款就是要用七个盖子盖八个坛子，不要露出破绽。要算准了，每天有多少钱进来，有多少钱支出，又有多少钱余下。从长远和整体着手，把钱用活了。开钱庄就怕别人存的钱没人来贷，这下就要亏本了。如果那样只有关门大吉了。

胡雪岩把钱调出来，早就做好了准备，他料到王有龄到湖州上任便有一笔钱存进来，所以他大胆地把钱放出去。让他意想不到的是，第二天，他曾帮助过的江苏藩司麟桂，刚一上任便把浙江送往江南大营的协饷都让他来代理，胡雪岩又一次成功了。刘庆生连连点头，他觉得胡雪岩钱贷得正好，款也来得及时。不然的，留着这么多头寸，还真没有多大用处。

胡雪岩在生意之中充分运用了"无息币"的规律，不让钱都滞留在手中，这充分说明要活动商人资本。

第四章　大展宏图

一、联合商会

江南一直以蚕桑业发达而闻名。1840 年以前，手工染丝业比较普遍，但主要是小手工作坊来做，因此，江南大部分人都以蚕桑业为生。市场的动荡，让许多家庭式的手工作坊破产，农民也都遭了殃。清政府一开始十分注重江南地区蚕桑业的保护，对于哄抬价购、低价收购搞垄断的做法大力打击，使江浙的蚕桑业获得良好的发展。

随着外国势力的入侵和时局的变化，西方机器大生产的效益高、质量好，远远超出传统手工作坊，洋人把生丝大量收购回国，垄断原料市场，使手工作坊纷纷破产，于是洋人便很容易就控制了江浙的市场，还以最低的价格收购生丝。由于生丝十分特殊，刚生出的生丝不加以保护很快变成土黄色，自然不值钱了，蚕农在产出生丝后，只好赶快出手。江南大部分农民都以养蚕卖丝为生，自己产的丝质量一差，洋人不收的话就没办法维持生活。因此，即使洋人的收价很低，蚕农在这种压榨和剥削下，也不得不把生丝卖给他们。

胡雪岩对这其中的情况十分了解。他早就想经营蚕桑业，但一开始既无本钱，也无关系。很快，有了资金，又在朝廷中找到了靠山，于是，他便向蚕桑业进军。

胡雪岩在与阿珠娘谈到关于蚕丝生意的时候想到了销"洋庄"。据阿珠娘所说，销"洋庄"就是把上万两的丝都贮藏起来，价钱高了再通通卖给洋人，赚洋人的钱。但是，销"洋庄"需要投入大量资金，洋人很狡猾，表面上与你讨价还价，私底下去寻找新的卖家，找那些急于收回本钱、低价出售的卖主。这样一来，生意不成的话，把货压在手里，是要担很大的风险的。

做为一个商人，胡雪岩总是先从利益着眼。但由于他所处社会的特殊性，使他在处理生意时不得不考虑自己民族的利益，尤其是当他同洋人做生意时。

他认为，做生意要齐心协力，"广行""洋庄"在与洋人打交道时，定个统一的价格，洋人也就不得不按此照办了。对急于周转、急于出手的卖主，商行这样规定：第一，把他们的丝以同等价格收购。第二，即使不卖，也可用货抵押，先付钱等卖了货物再还。丝价卖高，这是大家都愿意的好事！如果这样还有人与洋人做生意，一定是收了好处出卖同行利益，如此一来，自然就失去了同行的信任，毫无立足之地了。

按照上面的协议，他以浙江巡抚的名义以高于洋人的价格下乡收丝，蚕农原来一直都以低价卖给洋人，胡雪岩以高价收丝，他们都十分高兴地卖给胡雪岩。然而以胡雪岩一人毕竟人单力薄，不能控制浙江全省的生丝收购。于是胡雪岩出策，在浙江巡抚的倡议下，设立蚕丝总商会，吸引浙江大富翁、乡绅、退休在家的官僚入会，这些富翁们既可出钱，也可向蚕农提供担保。

胡雪岩向蚕农保证，并先付一部分定金，同时写给他们所欠钱的欠条。蚕丝总商会为欠条担保，上面还有浙江巡抚的官印。到了秋天加利息和本钱一并还清。

　　胡雪岩的做法狠狠地打击了外国商人，以英国为首的西方国家丝厂的丝源都来自中国。这样一来，胡雪岩切断他们的原料，外国丝厂货源紧缺，十分着急，外国洋务商要求胡雪岩把生丝卖给他们，价格不成问题。胡雪岩自然不会放过他们，把价钱翻了一倍，洋人叫苦不堪。

　　洋商便想尽办法，让洋务代表拉拢贿赂清朝官员，让他们出面干涉。然而胡雪岩比他们下手更快，他让王有龄上一道奏折，道："江南丝业，其利已为洋人剥夺殆尽，富可敌国之江南大户，于今所余无几……，民无利则国无利，则民心不稳，国基不牢。鉴此，本府痛下决心，力矫蚕桑弊病。兹有商贾胡雪岩者，忠心报国……"奏章提出了自己的作法，同时也指出了洋商对清政府商业的危害所在，奏章到京以后，博得大部分官员的赏识，并上奏皇上，要在全国推广浙江的做法。这样一来，那些受贿官员自然不敢轻举妄动，想要参浙江巡抚一本，却苦无根据，所以洋人这一计并不成功。

　　此计不成，洋人又出毒招。他们宣布，他们坚决不收胡雪岩生丝，要从其他省份以高价收购，当场付钱。

　　这对胡雪岩来说十分危险，只要洋商有了货源，即使只够一个月生产所用，对胡雪岩来说，也是致命的打击。胡雪岩十分头疼，他知道自己的资金都在生丝上，生丝不能久放，到时卖不出去，连一分钱也收不回。

　　胡雪岩并不慌张，他理了理思绪，决定马上赶往上海。

　　上海是商业的中心，丝行都聚集于此，而生丝也要经此出口。

　　洋人做生意，往往都有自己的经纪人，这些经纪人是洋人雇的中国商人，由他们把生丝收到上海，经纪人从中收取佣金，经纪人所得的佣金很少。正是由于他们没有足够的资金，才只能任由洋人剥削。

　　胡雪岩到了上海之后，第一个要联系的是上海名商陈正心。陈正心在上海是个有影响的人，他家中十分富有，为人豪爽，乐于助人，人送"小宋江"的美名。

胡雪岩先不出面，而是让陈正心召集上海丝业的老板，把浙江的做法说给他们听。一句话引起轩然大波，各商行老板埋怨洋人贪得无厌，希望上海也有像胡雪岩一样的人来抵抗洋人。大家联合起来，把洋人的货源切断，价格自然就上去了。

陈正心见大家都有此心，便同意出来带头抵抗洋人。

一听此言，大家却都拿不定主意，不知怎么办好。与洋人作对，弄不好就等于砸掉自己的饭碗，这可不是说说就算，一旦失败，连本钱都收不回。

见到众人人心不稳，陈正心便给大家打气，并表态跟洋人作对，他下定决心要拿出一大笔资金。他不是要让大家把货都贮藏起来，只要他们把生丝卖给他就行。

这么一说，等于给各商行老板吃了颗定心丸，此时他们方知陈正心是要大干一场。还是有人不放心，不知以后自己该如何是好。

陈老板看出了他们的担忧，便适时地把胡雪岩引见出来。

"胡雪岩！""胡雪岩！"底下的人议论纷纷。胡雪岩这时已经十分有名，这些做生丝生意的更是早有所闻，有的甚至同他有生意来往，今天才算见了真人。

胡雪岩便把其中要害讲出。他说道："洋人是靠低价从中国进口生丝，再做成高价的布绸，从中牟取暴利，剥削中国人。这主要是因为我们不团结。为了国人的利益，不管是商人还是士兵，都应该同舟共济，同心协力。只要大家一条心，联合起来，决不把生丝卖给洋人，我们生丝的价格一定会升上去。"

就这样，胡雪岩对上海的同行晓之以理、动之以情，想尽一切办法抓住洋庄，把自己人团结起来，都归自己管。

对于那些急于卖货拿钱的，也有办法。第一，把货卖给自己人，不能卖给洋人。第二，不愿卖的，用货作抵押，有多少货给多少钱，将来一定有赚头。

接下来要做的是和有丝业老大之称的庞二联合，把上海的生丝生意都控制起来。

南浔丝行世家出身的庞二，控制着上海丝生意的绝大部分。为了拉拢他，胡雪岩专门派去十分能干的刘不才去当说客。

刚一开始，庞二并没有拿定注意。他怕胡雪岩并不具备那种实力。随后，他发现胡雪岩办了几件事都是为朋友着想，对待利益方面的问题从不含糊，显然不是那种没有魄力的人。再说在丝生意上联手，也是为了自己人。生意大家做，利益人人拿，不能自打自，让洋人捡了便宜。

庞二通过自己的观察，认准了胡雪岩。便把自己在上海囤的丝全权交给胡雪岩处理。

胡雪岩有了大多数商行的支持，又得庞二的倾力相助，实力自然无人能比，官场上又有人在，胜利是早晚的事。

没过几天，上海的丝商纷纷向洋人提价，理由是胡雪岩已经要高价收丝。

洋人这下可慌了神。他们想私下拉拢一些人，但没人敢这么做。那些商行的老板都说，如果他们私下把丝卖给洋商，同行都会排挤他们，还会落个卖国的骂名，要是得罪了陈正心，那就别想在上海立足。

洋人这时才明白，只能跟胡雪岩交易了。由于丝厂急需原料，已经一催再催，他们不得不接受胡雪岩的价格。

胡雪岩打了个漂亮的翻身仗，从中赚了 18 万两银子之多，而那些与他联合的上海、江浙的丝商也赚了一笔。最重要的是，胡雪岩抵制洋人的缫丝厂，给广大的以蚕丝为生的农民带来了好处，的确是功不可没。

胡氏办洋务，讲得就是一个民族感。在他看来，同洋人做生意，一定要摒弃这两种态度：一种是看不起洋人，觉得他们是野蛮人；一种是见了洋人就奴颜婢骨、卖国求荣，用这种态度与洋人打交道只会丧权辱国。

中国经过了几千年封闭的社会，认为自己是最好的，看不起其他的民族，认为自己的文化是最好的，从来也不接受外国的文化精华。

胡雪岩的远见，比起那些只会读书、讲礼法、不变通的文人墨客要强几百倍。胡雪岩从小就没读过什么书，只懂得如何管理钱庄，但是凭着他敏锐的眼光，反而能够看得清世界发展的变化趋势，随趋势而动。

1840 年以后，由于清政府节节败退，有许多人谈"洋"色变，敬若神明。清末便出现了十分奇怪的现象，一部分人对洋人的任何东西都趋之若鹜；一部分人完全反对，还提出闭关锁国。胡雪岩却十分冷静地看待所谓的洋人、洋务。

商人出身的胡雪岩，总是从实际着手。他看到鸦片战争之后，清政府无力抵挡洋人的侵略，但洋人也不能把中国吞并。西方国家远离中国，他们不了解中国的文化传统与生活方式，也没有认识到中国众多的人口与庞大的疆域，何谈吞并。他们现在最主要的目的是获取更多的金钱，当他们无法获取钱财时，他们只有动用武力。

胡雪岩觉得，为了赚钱，就应该公平竞争。西方列强，他们举国上下支持经商，以商富国。中国却以商为末，以农为本，不重视甚至打击商业。传统的以农为本、以商为末的思想严重地影响了我们，使国家屡弱，但仍有些人仍然以言商为耻。

政府的轻商思想根深蒂固不易改变，因此，商人们更应团结起来，形成一股不可忽视的商业势力。如果还像以前单兵作战，往往处处受制于人。

经过交往，洋人便十分愿意与胡雪岩做生意。他们在对清朝政府的文件中，也不断提及胡雪岩，使得清政府和官员们不得不重视。

二、操纵丝行

1. 用人有术

为了进一步发展丝业的生意，胡雪岩很想拉拢丝业巨头庞二，两人联手控制上海丝业。但是庞二是出了名的难以接近，更别谈合作了。胡雪岩知道这个后，怕自己被动尴尬，并不敢亲自出马，以免把事情弄糟。这时他想到了刘不才，他知道刘不才交际应酬十分广泛，正是拉拢庞二的最佳人选。主意拿定，胡雪岩便派刘不才出马。

刘不才本名刘三才，胡雪岩在湖州娶了个二房芙蓉，刘三才是芙蓉的亲叔叔。芙蓉娘家祖传药行，招牌叫作"刘敬德堂"。到芙蓉父亲一代，经营有方，也积存了很厚的家底。然而，不幸的是芙蓉父亲一次去四川购药，船触礁沉没，他被淹死了，"刘敬德堂"自然是刘三才的了。刘三才从小就是纨绔子弟，不学无术，尤其爱赌。药店到了刘三才手上，连一年都没撑下去，输得只剩下三千银，不到一年又全赌了进去，最后实在没办法了，先是以典当家具什物为主，后来全都当完了，就四处告贷。最后输了精光，人人都叫他刘不才。

这个"败家子"，就连他的亲侄女芙蓉，对他都是恨之入骨。但胡雪岩却发现他也有好的地方：第一，他赌得再狠，输得再惨，也没有把祖传的秘方拿出来赌钱，说明他还有上进心；第二，吃喝嫖赌样样精通，但绝不吸大烟，并没有堕落到无可救药的地步。胡雪岩由此知道他还是个可救之人，并有用得着的时候。面对这个好赌的赌徒，胡雪岩对他并不是深恶痛绝，他打算把他培养成一个专门与达官贵人打交道的"清客"。从此以后，胡雪岩对他严格要求，刘不才不仅改掉了许多恶习，而且运用自己的技巧，给胡雪岩拉拢了不少人，为胡雪岩的事业发展打下了基础。尤其值得称赞的是成功拉拢了丝商巨头庞二。

经过一番考虑，胡雪岩便想着在牌桌上解决问题，把庞二邀来让刘不才陪他们打牌。一开始，因为胡雪岩给了刘不才四万两当本钱，所以刘不才心里十分踏实。他并不是要赢钱，而是想摸清他们打牌的习惯。打了几圈，他发觉庞二虽然是个老手，但胆子过小，总是不敢把好牌打出去。而其他两人显然没有什么经验，见牌就和。

摸清了牌路，刘不才切断其他两人的牌源，并极力让庞二和牌，庞二渐渐赢了起来，这也是胡雪岩给他安排的任务。他极力给庞二喂牌。庞二的运气一来，乱吃乱碰都有理，他开始和牌了，还光和大牌，另两人便输了起来。结果，庞二赢了三万多两银票，刘不才不光没输，反而赢了一万多两。

庞二心里明白，刘不才是在暗中帮他。一散场，庞二拉住刘不才，说："刘兄牌德不错！"

接着，庞二又向刘不才约牌，说是后天请客，请他来打牌，说是咱们几个到时再玩一场。告辞时，庞二要求刘不才一定光临，刘不才自然爽快地答应了。

几天后的牌局上，刘不才又让庞二赢了一大笔。庞二十分高兴，刘不才便适时地把胡雪岩的意向讲给他听，他二话没说一口答应。

江南的丝业便从此由胡、庞二家共同垄断，庞二是个纨绔子弟，便把什么事都交给胡雪岩办，所以胡雪岩一个人掌握了江南的丝业。

要不是刘不才的帮忙，庞二也不一定和胡雪岩联手，他这种花花公子若是仅靠说理，即使他明白，也未必愿意这么做，还是要投其所好。而刘不才在牌局中的暗中协助，无异于顺水推舟。话说回来，还是胡雪岩善于用人。胡雪岩把一个赌徒变成了一个有用的人，并且为胡雪岩办成大事。

其实，像刘不才这样的人，旧时称为"篾片"。是对无用之人的篾称，是说这样的人是软骨头，没志气，扶也扶不起来，也当不得大用。但胡雪岩不这么想，他说："篾片有篾片的用途。……好似竹篓子一样，没有竹篾片，就拧不起空架子。自己也要几个篾片，帮着交际应酬。"胡雪岩在用人上就是这么独特。他认为这些人就是富人家养的"帮闲"。这样的人平日里自然什么事也干不了，只能在饭桌牌局的娱乐上捧着主子开心。他们的本事就是在吃喝玩乐当中学会了巧言奉承、察言观色，让主子们玩痛快了。这样的人自有他的用途，重要的是，胡雪岩认识到了"篾片的用途"。

胡雪岩收服了刘不才，通过他的改造，用他的"长处"为胡雪岩出力拉拢庞二，后来由于太平军占领杭州而自己不能兼顾老母妻小，也是由刘不才照应，刘不才为胡雪岩办成不少大事。

原本是个败家子，胡雪岩却让他成了一个十分有用的人才，这正是胡雪岩全面看待一个人的结果。在选拔人才和使用下属方面都是这样，从不求全责备，而是尽量发挥他们的长处，人尽其才，使得手下的人才越聚越多。

2. 目光远大

与庞二联合，胡雪岩走对了第一步。接下来，胡雪岩不吃"干股"，而是拿钱入股。他的钱不多，只拿出十万占两成，庞二四十万占八成，立合同为据。胡雪岩认为要把感情和生意分清。因为感情问题而影响了生意，不能算是真正的朋友，更不会长久，生意也一定做不好。

这是十分正确的。既然是合伙做生意，胡雪岩拿出这十万现银的股本，双方都签了合约，都有责任和信用，确保了日后长期合作。

为了进一步控制市场，提高价格，胡雪岩把蚕丝都运到上海，到第二年新丝就快上市还没有出手。而这时时局又有所变化：一是上海小刀会活动频繁，朝廷下令以往丝、茶在上海与洋人的交易停止；二是外国使馆会衔，各自布告本国侨民，任何人不能帮助小刀会成员；三是朝廷置英、法、美的抗议于不顾，已决定在上海设立内地海关。

这样一来，对胡雪岩更加有利。一方面新丝还没上市，加上朝廷禁止运往上海，胡雪岩有货在手，自然有利可图；另一方面，朝廷在上海设立内地海关，洋人在上海做生意自然要过海关这一关，从种种迹象来看，他们愿意与中国保持商业上的来往。此时胡雪岩联合同行同业操纵行情的工作已经大见成效，再坚持几天，一定会抬高价格，洋人也会接受。

但正是在关键时刻，胡雪岩却按洋人的价格卖给他们，少赚了一大笔。

做出这一决定，是胡雪岩为长远的利益着想。当时太平天国已必败无疑，洋人早就看出来了，从他们的态度看，他们还想继续与朝廷的"洋务"合作。同时，虽然朝廷现在发出禁令，但一旦回到太平之世，为了经济的复苏，"洋务"还要办下去。按历来的规矩，朝廷一般不与洋人有生意上的来往，与洋人做生意还得靠中国的商人。正是从这里，胡雪岩看出与洋人打交道的时间还长着呢。在胡雪岩看来，靠官员和朝廷与洋人是争不来利益的，要想和洋人做好生意，最终只能靠商人自己从中周旋。所以现在给洋人留点面子，落个人情是十分必要的。因此，要想把洋庄市场拿下来，现在就得舍点本。

胡雪岩真是算到了家。虽然这笔生意，胡雪岩确实没有赚到多少钱，但却为自己以后与洋人做大买卖铺平了道路——他"卖"给洋人的一个人情，为他以后扩大洋庄生意，为他借洋债发展国际金融业，为他以后驰骋十里洋场，开了个好头。

3. 渔翁得利

为了这笔生意，胡雪岩拉拢同业、收买人心、垄断价格、控制市场。他费尽心机与官府、漕帮和洋人周旋，置风险于不顾，终于做成了他的第一桩销洋庄的生丝生意，赚了十八万银子。然而，这不过是表面文章，因为合伙太多开支又太大，把钱按利都分了，再加上打点用去的银子和原先的债务，不仅一分不剩，还有一万多银的亏空，真是白忙一场。尽管如此，胡雪岩并没有为此而伤心，而且他还决定即使亏钱，也该分的分，该付的付，决不能亏了朋友。

这一招换来的东西太多了，既显示了自己的大度和才能，又体现出自己看重朋友，讲义气。同时又使胡雪岩积累了与洋人做生意的经验，开始与外商有所联系。更为重要的是他与丝商巨头庞二结成牢固的合作伙伴关系，有效地控制了蚕丝市场。在生意过程中，他处处讲义气，得到了漕帮尤五、洋商买办古应春、湖州"户书"郁四这样的挚友和帮手，这些都是金钱买不到的。可以说，胡雪岩以后的成名，都是得益于他们。因此，在这一笔生意上，胡雪岩亏了钱却赚了人心，后者给他带来不尽的机会与钱财。

庞二与胡雪岩合伙后，对胡雪岩佩服得五体投地，因此，他让胡雪岩与他合伙，把生意都交给他处理。庞二想出的办法是由他送胡雪岩股份，算是胡雪岩跟他合伙，这样也就有了老板的身份，可以名正言顺地为他管理上海的生丝生意了。

三、开拓市场

1. 调停僵局

胡雪岩在上海做生意，十分注重调解朝廷和洋人的矛盾，在他们之间做一个调节员，让各方团结协作，握手言和，共同发展上海经济。胡雪岩苦口婆心地劝说，是因为他深知，要想把上海的市面做活就要各方面通力合作。

胡雪岩在生意场上很有野心，不光只做洋庄生意。设立阜康分号，开米行、戏院、茶楼，做房地产都是他的计划所在。但是，要做生意，就必须保证上海的稳定和繁荣。

但实际情形是，上海动荡不安。上海不安定的因素主要来自两个方面：其一，上海有小刀会作乱。当时的上海分成两部分，一个是上海县城，一个是"夷场"就是外滩上外国租界。由于洋人帮助小刀会，小刀会不为难租界，但小刀会起事以后占领县城，是清政府的一块心病。其二，由于洋人与小刀会的关系，与朝廷产生矛盾，于是朝廷颁布了禁令，设立海关来打击洋人。洋人并不服气，有意与朝廷对着干。

以上种种原因影响了上海的繁荣安定。

不过，由于洋人和官府并不想长时间耗下去，所以是可以调解的。洋人在与朝廷的作对中，已经在商业上受到了损失。而朝廷主要也是恼怒外国人资助小刀会和卖给太平军军火，才颁布禁止与洋人做生意的禁令。实际上是迫不得已的做法，同样也损失了不少关税和财政来源。

正是因为如此，胡雪岩才站出来调停。胡雪岩认为，朝廷与洋人的争端只是一时之举，僵持下去，最终两败俱伤。他想要做的是，消除他们之间的矛盾，叫洋人朝廷互相信任，这样子才能把上海市面做大了，到时无论想干什么都是一本万利。

于是，胡雪岩做了两件事：一件事就是把生丝以差不多的价格卖给了洋人，摆出了高姿态和好的态度。另一件事则是去苏州拜见现任苏州学台何桂清，想在朝廷中找人出面调解。胡雪岩认为，如果有得力的人出来调解，解决两者的矛盾是十分轻松的。

功夫不负有心人，胡雪岩让朝廷与洋人握手言和，共同协作维持上海"市面"的稳定和繁荣。

以上的所做所为，总的来说，是胡雪岩认识到：要想稳定市场，一块赚钱，就得团结合作，齐心协力。

2. 涉足地产

胡雪岩为生丝生意一直留在上海，住在裕记丝栈。这天他处理完事务，正在房间里小歇。他躺在客房藤躺椅上，无意中却听到了隔壁房中两个人在谈论上海的地产。这两人都是行家，熟知洋场和上海地产开发方式，他们谈到洋人的城市开发方式与中国人极不相同，中国人先开发市面再修路，这样就会造成市面无法扩大发展，限制了市场繁荣。洋人则是先修路，有了路市面自然就形成了。如今上海的市面开发就是这种办法。谈完这些，其中一人说道："上海滩的大马路、二马路使南北都繁荣起来，其实西边更有可开发之处。有眼光的人，把西边的地也买下来，等到洋人一开路，地价自然升值。"

听完这番话，胡雪岩再也躺不住了，等着他徒弟陈世龙一回来，他马上雇了一辆马车，与陈世龙一起由泥城墙往西，随意而行实地勘查，得出两点结论：第一，拿出一部分资金，低价买入，高价卖出；第二，依靠古应春，把洋人的开发计划弄清，先把洋人准备修路的地皮买下，再转手赚钱。

胡雪岩看准了上海的地产生意，为自己发现了一个巨大的财源。这时的上海开埠正逐步发展起来，当时虽然太平军沿江向东开进，要把江浙一带的富庶之地都归其所有，但英、法等国为了维护自己的利益自然会反击。清廷便借洋人来灭太平军，他们彼此心照不宣，东边南边一块保卫上海，所以上海并没有受战火的侵扰。但由于太平军占领了许多地方，许多人从东南各地到上海租界避难，于是上海地产市面开始发展兴旺。事实上，这正是上海历史上第一次房地产生意高潮到来的预兆。到上个世纪末期，上海的地价是一日三变，每亩由几十两涨到两千七百两，而在这几年中，外滩地界价格最高到每亩三十六万两白银，真是闻所未闻。上海的房地产，正是一个一本万利的摇钱树。

第五章 济世善举

一、发现秘方

1. "认亲宴"

胡雪岩几次去湖州不是为了蚕丝生意，就是为了帮王有龄办公事，因而认识了在湖州势力很大的民间把头，现正做着湖州"户房"书办的郁四。胡雪岩见多识广，有侠义之心，又为郁四处理了一件棘手的家事，郁四对他很是尊敬佩服。为了报答胡雪岩，郁四做主把芙蓉姑娘嫁给胡雪岩当"外室"。

上文已经提到这芙蓉姑娘有一个不争气的叔叔刘不才。胡雪岩娶了芙蓉姑娘，本不想认他这门亲戚，但又不能不管，也不好管，实在是个麻烦。胡雪岩本可以这样做；一是按郁四的想法，送刘不才一笔银子打发了断这个亲戚；一是按芙蓉的想法，让他把祖传秘方拿出来，胡雪岩卖几万两银子，给他钱，不论他怎么花都不再管了。反正刘不才不想认他这门亲，这样做也算仁至义尽了。

胡雪岩却有自己的想法。他要认这个亲戚，要借刘不才开一家自己的药店。他凭着独到的眼光，一下子就看出药店生意一定会赚钱。由于正处于兵荒马乱的年代，军队到处征战，防疫药是少不了的；按常理，战后必有瘟疫，逃难的人有个病灾的也需要药。因此只要货真价实，创下金字招牌，药店生意就一定会好。而且，开药店还有济世救人的好名声，官府自然赞成，实在是名利双收的好事，当然要干。自己虽对医药不通，但只要说服了刘不才，迫他改掉好赌的毛病，他和他手中的祖传秘方自然大有用处。这些想妥之后，胡雪岩请郁四帮忙，摆了一桌酒席专门"认亲"，就在这认亲宴上把开药店的地点、规模、资金所有事宜都和刘不才谈好了。

胡雪岩最善于"钱眼里翻跟斗"。刚开始时，他一分本钱也没有，就是因为他知道如何在"钱眼里翻跟斗"，硬是把一笔笔生意"翻"了出来。

胡雪岩要开办药店，与刘不才商量资金的事，一开口就要十万两银子做本钱。胡雪岩真是"吹牛不打草稿"，他的十万两根本没着落。虽然郁四说过愿意入股，但他自己也只有田地这些不动产，拿不出现钱。兵荒马乱之中，田地根本卖不出去，也就换不来现钱。按胡雪岩的原则，在江湖上行走，决不能损友肥己。当然不会再为难郁四，这时他自己心里也没有着落。

2. 筹措资金

刘不才有一剂祖传秘方，叫"诸葛行军散"，对军队行军打仗时发生的时疫十分有效。胡雪岩准备先说动专管军队后勤保障的"粮台"，允许他在只收成本的前提下给军营送"诸葛行军散"，捐饷也可让他们以"诸葛行军散"代捐，要多少货用银子折合。只要将士们说这药好，便能说动粮台，把为军队供药的事接下来。粮台是专管军队后勤，尤其是料理伤亡，所以需要大量的药。粮台到药店买药，要药效好的、价格便宜的。有时欠账，先办了公事再说。而既然可以欠账，同样就能先预支一笔钱。有了"诸葛行军散"再加上几帖刀伤药、避瘟丹之类的效果好的药，把好东西放在一块，然后送给各路粮台，让他们来定购。有了卖货的钱，正好可以用来发展药店生意。这样一步一步做下来，就像冬天滚雪球越滚越大，本钱自然不愁。

开办实业、经营商务，离不开一个钱字。没有资金，举步维艰，任何事任何机会都将落空。要想在商场上争得一席之地，不能不善于为自己筹措资金。当然，可用很多办法来筹措资金，最稳妥的方式便是根据钱数办事，凭自己一步步经营，从少到多地慢慢积累。不过，胡雪岩的方法更令那些慢慢积累资金的人刮目相看，因为胡雪岩拿别人的钱当本钱，这确实是棋高一着。

首先，向杭州的大中官员集资。回到杭州，先说动抚台黄宗汉入股开药店，黄宗汉一带头，他手下的大小官吏们都跟着干，出资入股药店。

接着，胡雪岩又用官府的钱开自己的药店。

胡雪岩以成本价或免费把好药给军队，让军队接受他的药。然后与"粮台"说好让他得好处；另一方面胡雪岩让军队先付钱，把预支款用来完成药品上的业务。又用这笔钱来发展药店生意，由此以后，胡雪岩的药店就像滚雪球般地发展起来了。

凭借官场优势，胡雪岩硬是筹集了十万两银子，依靠这个方法办起了胡庆余堂。

二、胡庆余堂

1. 门面三绝

俗话说"做好生意三件宝，人员门面信誉好"。是说店铺的门面、伙计的素质、产品的质量和信誉都十分重要。胡雪岩深谙此理，他说："有了好门面，才能做好生意。"中国古代的商圣陶朱公也曾云："面，乃商之外形也，孰可丑之？"

胡雪岩是如何选择门面的呢？

胡雪岩定下三条规矩，曰："宜址、精修、巧陈。"

第一，"宜址"，选择风水好且适宜的地址。

1874年，胡雪岩经过一番慎重考虑把胡庆余堂建在杭州吴山脚下的大井巷。

座落在西湖以南的吴山，由云居、紫阳、峨嵋、七宝等10多个小山头组成，凤凰山、将台山和玉皇山在它西边。相传，春秋吴国的南界在此，故称"吴山"，又因山上有座城隍庙，又称"城隍山"。历史悠久的吴山，名胜古迹数不胜数，如：春秋的伍子胥庙，晋朝的郭璞井，宋代的东岳庙，明朝的城隍庙等。在吴山的山岗上，有"十二生肖石"，是石灰岩长期溶蚀形成的，山顶上有一座双层重檐的江湖汇观亭，高达8米，登上此楼便能望见南边锦带似的钱江，北面明镜般的西湖也尽收眼底。清朝雍正年间，"西湖十八景"之一的"吴山大观"也在吴山，观的就是所谓的"吴山十景"：金地笙歌、瑶台万玉、紫阳秋月、三茅观潮、鹿过曲水、鹤步寒山、峨胥月照、梧岗飞瀑、枫岭红叶、云居听松。美丽和历史悠久并存，使吴山成为游客的所爱，许多人都来观光。

另一方面，号称"东南佛国"的杭州寺院遍地。每年立夏前一个月左右，各地（主要是杭嘉湖三地及苏南一带）的善男信女成群结队地涌入杭城，他们背着写有"朝山进香"的黄布香袋，到各寺院许愿还愿，烧香拜佛。这种规模宏大、年年必有、有宗教性质的特色旅游带来了许多商机。许多人或随处流动设摊，或在寺院附近定点设铺。胭脂、簪珥、牙尺、剪刀、木鱼、经卷、玩具、花篮、梳子、药物等物品随处可见。据范祖述原著，洪如嵩补辑的《杭俗遗风》记载："城中三百六十行生意，一年中敌不过春市一市之多。大街小巷，挨肩擦背，皆香客也……各色生意，诚有不可意计者矣。"由于烧香拜佛者络绎不绝，便形成了集市，这就是所谓的"香市"。吴山的香市从元代开始。元代诗人贡有初在《春日吴山绝句》中有"十八姑儿浅淡妆，春衣初试柳芽黄。三三五五东风里，去上吴山答愿香。"说的就是吴山香市。到了清代，杭州规模最大、持续时间最长、最热闹的三大香市就是吴山香市与钱塘门外的昭庆寺香市、岳坟以北七八里开外的天竺香市。

正是凭借这些，做生意的人都关注吴山，而人们登吴山的必经之路是山脚下的大井巷，这块"风水宝地"自然被胡雪岩看中，他在吴山脚下石级路旁买了8亩地，开设面积约12000平方米的胡庆余堂国药号，作为长期经营的基地。

第二，"精修"，把店堂精装细修一遍，要独树一帜。

胡庆余堂开始由三进建筑组成，东西走向（后来西边一进被拆除，现只剩两进）：营业店堂是头进，二进是制药工场，前面是店，后面是场，产销结合。这种格局的组合十分有利于及时、准确、灵活地满足顾客所需。夹弄和封火墙把两边隔开。每进设前后天井，左右有廊屋相连，形成一个环行，处处皆通，既简洁实用，又气派非凡。

胡庆余堂作为我国古代建筑史中不可多得的建筑群，除了具备江南园林镏金描彩、大红漆柱、飞檐镂格、雕梁刻枋等古朴典雅的共性之外，由于是药店，根据营业所需，更有独特之处：整座建筑被设计成仙鹤状，象征着店铺生机长存，四周的青砖封火墙高12米（墙脚就高达2米）、长60米。为了引人注目，胡雪岩请人在靠河坊街的一面墙上写了"胡庆余堂国药号"七个特大汉字。

胡庆余堂上檐的一排排花灯状的垂莲柱在一般建筑中很难见到，坐西朝东的正门在大井巷内，青石库、青砖角叠的门楼上镶嵌着"庆余堂"三个大字，金光闪闪。跨过门楼，"进内交易"牌映入眼帘，四个镏金大字远看凸出，近看凹进，真是匠心独运。更奇特的是，入口长廊是一个船篷轩的样式。

如此豪华、独特的门面，不落俗套，看过的人无不啧啧称叹。

第三，"巧陈"，要巧妙地设计店堂的内部摆设。

如果把胡庆余堂比作一只栖息在吴山脚下的美丽仙鹤，那么，它的门庭就像"鹤首"。"鹤颈"自然是过了门庭的长廊。迎面是一个八角石洞门，"高入云"三字雕在门洞上的青砖上，左侧横墙上是传说"白蛇传"中"白娘娘盗仙草"的图案。36块银杏木精制，黑底金字的丸药牌挂满长廊的石壁。如外科六神丸、胡氏避瘟丹、安宫牛黄丸、十全大补丸、大补全鹿丸、小儿回春丸等等，牌上标明药的功能疗效，既起到装饰作用，又给顾客以说明，起了广告的作用。

穿过石洞门，长廊的末端有四角亭，檐上挂精致的宫灯，梁上绘中医始祖神农尝百草、桐君老祖白猿献寿、白娘娘盗仙草以及李时珍、朱丹溪的故事，十分形象。看到这些饰画，人们思绪如飞，好像回到古代，又好像到了仙境，既得到了美的享受，又不得不赞叹中医文化的源远流长。四角亭下面有一排红漆锃亮的"美人靠"，是特地为顾客休息所用。长廊四周奇花异草，煞是好看。

穿过"鹤颈"长廊往右拐就是第二道门，两边是"野山高丽东西洋参，暹罗（泰国旧名）官燕毛角鹿茸"的对联，一方"药局"匾挂在上面。在这里要说的是，过去的药业分药店和药局两类，药局的规模更大，直接向产地进货、批发的药行都包括其中。胡雪岩生意面广，在金融、钱庄，各个方面都有涉猎，实行产销一条龙的方式。因此，毫不客气地挂了"药局"，傲视整个医药界。

跨过"药局"门楼的青石门槛，便是营业大厅，坐北朝南，气派非凡。这里宫灯高悬，雕栏画栋，顶棚玻璃透光明亮，厅堂陈设更是令人目不暇接。牛腿（连接柱、梁的建筑构件）精雕吉祥动物图案和古色古香的人物故事，红木柜台分立在大厅两旁，让人觉得庄重威严。左侧为配方柜，右边是成药柜。柜台后边是高大的"百眼橱"，摆着各色各样的瓷瓶，"百眼橱"格斗里存满各种药材饮片。正中的"和合"柜台，两边挂着"饮和食德，俾寿而康"的青龙招牌，说的是，人要长寿就要注意饮食的合理适当，也有人传言说是要把杭州城里的老字号"许广和"与"叶种德"吞并。"和合"柜台两侧有两副对联，外面一层是"庆云在霄甘露被野，余粮访禹本草师农"，横批是"真不二价"，里面一层是"益寿延年长生集庆，兼吸并蓄待用有余"，"庆余堂"的横匾挂在当中。两副对联笔法遒劲，巧妙地把"庆"、"余"二字放在一首一尾。还要说的是，这"庆余堂"三字由南宋有名的奸臣秦桧（1090－1155 年，江宁〈今南京〉人）所书，是他在府第落成时的手迹。当年宋金开战，秦桧主张议和，向金称臣纳币，最大的罪恶是以莫须有的罪名杀害精忠报国的抗金名将岳飞。为了纪念岳飞，人们把他铸成双手反剪、跪在岳墓面前的铁像，让他受千万人的唾骂。不过，秦桧虽然遗臭万年，却写得一手好字，而且他在北宋末年历任左司谏、御史中丞。南宋高宗绍兴年间还两任宰相，做了 19 年的官，杀害抗金名将岳飞使他遗臭万年。聪明的胡雪岩把秦桧"余庆堂"倒为自己的"庆余堂"，除了欣赏秦桧的字，也许还有打打"名人效应"的想法吧。

东楼制药、西楼门市，东西两楼有通道相连。按照规矩古时是不允许生意人私自设通道，但胡雪岩做了"红顶商人"，成为晚清商界"异数"，才破此规矩。通道取名为"长生弄"，中间高，两边低，好像皇宫、官府的甬道，显示出胡雪岩的地位和身份。

由上可见，"宜址""精修""巧陈"，使得胡庆余堂的门面极富文化品位，独树一帜，与众不同，自然是顾客盈门，财源滚滚。

2. "金字招牌"

胡雪岩为何开办胡庆余堂，在江浙一带，至今还有人说胡雪岩是一怒办堂。有一回，胡雪岩的家人得了重病。为了看病，胡雪岩请了杭州最好的医生来，经医生细心诊断，开了一帖药方，于是便拿着药方到杭州大药房叶种德堂去配药。令人想不到的是，抓回来的药，有的过期变质，不能再用了。胡雪岩十分生气，便要去讨个公道。但叶种德堂态度恶劣，坚决不退，反而讽刺说："如果胡老先生不满意的话，让他自己开一家药铺不就行了吗？"派去的人把话说给了胡雪岩。胡雪岩勃然大怒："实在是太可恨了，这样的药店又怎能救死扶伤、治病救人呢？我今天就要开一家真正治病救人的药店！"这就是流传的"一怒建堂"的传说。

暂且不去管故事是真是假，胡雪岩对药品的质量严格把关，却是一点也不假。他从不拿药物的特别之处来欺骗顾客，要所有的伙计都牢记一句话："修合虽无人见，存心自有天知"。

虽处乱世，但从不欺瞒顾客，以诚为信，实在是可贵之极啊！

胡雪岩生活的时代正是自然经济向机器大生产的商品经济过渡的时代。人们的做法、看法和价值观随着商品经济的发展而变化。一方面，竞争的思想深入人心，冲破了封建的阻碍，商业活动逐渐被人们重视；另一方面，商品经济也带来了负面影响，受商品经济利益的驱使，一些商家置道德伦理于不顾，疯狂地追逐金钱，甚至以次充好，以假乱真，偷工减料。在这种情况下，就连许多有名的商人和官员都上当受骗。

既然有假货，自然也有假广告。许多奸商在报纸上刊登顾客感谢信之类的东西，而且地址、笔迹、头像等样样不少。说穿了，就是在某地的商店自己写信到另一地，然后在另一地托人再寄回来，至于头像是从照相馆中拾来的无人领去的底片制成的。还有的商人自己给自己挂光荣匾，卖药的最多，无非是一些"上池神水"，"刀圭圣药"等溢美之词，还偏偏注明题写者乃知名人士。但这些知名人士自己都蒙在鼓里，也没用过他们什么药。商人只是假借他们的名望而已，但不明其中奥妙的人还把此当真呢。

胡庆余堂做药品生意，做的是人命关天的事，自然与别的生意不同。一旦出现药品的质量问题，轻则耽误了病人的病情，更有甚者还会危及到患者的生命。加工制作药品要严格把关，新药材没有经过加工往往有毒，危害人体。所以要经过特殊的水制、火制、水火炮制等多种方法去掉毒素，而又使药效不流失。在达到药用要求后，需要对药的种类、剂量、质量等进行取舍搭配，这道工序绝对不能马虎，更不能做假。

1874 年，胡庆余堂开业后，为保证药品质量，专设金锅银铲等炼药器具。还把两块巨匾挂在营业厅之中，一块朝着顾客，写着"真不二价"四字；另一块则朝向柜台，胡雪岩亲书"戒欺"二字。为了告诫店员，在旁边也有几行小字："凡有贸易均不得欺字，药业关系性命，尤为不可欺。余存心救世，誓不以劣品代取厚利。惟愿诸君心余之心，采办务真，修制务精，不至欺予以欺世人，是则造福冥冥，谓诸君之善为余谋也可。谓诸君之善自为谋也亦可。"

这正是胡庆余堂经营的宗旨所在，在顾客心中也留下了诚实可信的印象，在这种宗旨的指引下，它不断发展壮大。胡庆余堂"雪记"以货真价实而闻名于世，广大顾客更是对胡庆余堂无比信赖。

胡庆余堂一直都是以货真价实来吸引顾客。举个例子，药材的采购都是派内行到产地直接坐庄收购；人参、鹿茸、虎骨均来自产地关东，麝香、贝母、川莲更是远赴云、贵、川收购；牛膝、生地、金银花也是由淮河流域直接运回；党参、党归、黄芪必赴山西。哪儿的特产，就去哪儿收购。更重要的是加工，完全按照药方做，切、磨、烘、炮、炒、浸，该怎么办就怎么办，决不含糊。一步没做好，这药也就不能要了，决不会以次充好。所以杭州城方圆几十里以内的医生在开方以后，都要求病人家属必须到胡庆余堂配药，胡庆余堂在杭州的声誉是无人能比。

胡雪岩的胡庆余堂刚开张时，西征太平军的清军需要大量的药品药材，因此在采购中要有大量的资金，而且不一定能及时地供应，况且他负责后路粮台，所以精打细算是免不了的。由于自己的药店胡庆余堂规模大，省去不少费用和事情，起初并不想赚钱，但是随着经营不断发展，由于质量高、药效好，胡庆余堂的生意非常红火，反倒赚钱。

他在赚了钱之后，除了扩大规模以外，平时对贫民施药布衣；在遇到天灾瘟疫时，又捐钱捐药。

胡雪岩起初就是本着大公无私之心，在挑选店员时，也坚守这一原则。首先这个人要诚实，一进胡庆余堂，便能看到高挂的对联："修合虽无人见，存心自有天知。"胡雪岩对那些心存欺诈，卖假药害人的骗子最痛恨。

其次要心地善良，医家有割股之心，卖药也是一样，处处以病人为先，才能把好药品的质量关。最后要有能力，否则反倒因为诚实善良而受骗上当。

后来，江苏松江余天成药房的总管余修初成了胡庆余堂的总管，管理药堂大小事务。他们还说好药店以济世救人为本，不以赚钱为主要目的，只是以店养店罢了。

胡雪岩深深地体会到：胡庆余堂要打出名声，吸引顾客，关键在于药品的质量。这主要还在于两个方面：一是要地道的原料，一是要进行精工细做。就是"戒欺"匾中所讲的"采办务真，修制务精"，"采办务真"是胡雪岩保证药店产品质量的前提条件。中成药的原料主要是动物、植物、矿物，品种繁多，分布散乱，药性又复杂，书上记载的有 3000 多种。多味配方又是中药的一大特性，每一味药的好坏都关系到成品的质量，如果一味是假的，质量低劣，疗效自然不好。根据这些，胡雪岩不从药材行买药，而是利用官场、商场强大的关系网，每隔一年贷一项款给药农。他们有足够的资金，便会把好的药材卖给胡庆余堂，同时又派内行的职员直接去产地坐庄，收购最好的药材。如：到河北辛集、山东濮县等处收购驴皮；去淮河流域采办怀山药、生地、牛膝、金银花；去陕西、甘肃等省采办当归、党参、黄芪；去江西樟树采购贝母、银耳；去四川、贵州等省采办麝香、贝母、川莲；去湖北汉阳采办龟板；去东北三省采办人参、虎骨、鹿茸；向进口行家直接订购外国的豆蔻、西洋参、犀角、木香等。即使是药材辅料也要求严格。举个例子，虽然浙江的橘皮很多，价格便宜，但胡雪岩嫌它药性不足，宁可远赴广东采购，还只要三年以上的"陈皮"。又如配制"愈风酒"需要冰糖，要去福建采购，烧酒只要绍兴的"三年陈"。直接从产地进货既降低成本，又省去不少环节，同时还比别人的价格低，既保证了质量，又让顾客得到好处。

"胡氏避瘟丹"是胡庆余堂的独家产品，能除秽气、解头晕胸闷、止腹泻腹痛。太平天国时期，左宗棠西征大军，出征西北地区，许多士兵水土不服，疫情蔓延。士兵们服了胡氏避瘟丹后，解除了军中病疫，药到病除。胡氏避瘟丹由74味药制成，每味都须用上好原料。其中有一味"石龙子"，民间都称其为"四脚蛇"，原本是一种爬虫，十分平常处处可见。可是，配制胡氏避瘟丹指定必须是"铜石龙子"，金背白肚，背上有一条黄线，还必须是杭州灵隐、天竺、韬光一带所产。铜石龙子生性警觉，爬行快捷，得来十分不易，但为了保证药味质量，每年夏天，胡庆余堂都出动大批人去捕捉。年年都这样，便和灵隐寺的和尚混熟了。和尚们见他们是济世救人，自然都帮忙。

"大补全鹿丸"是由鹿身上30多种珍贵药材提炼而成，而且只能用梅花雄鹿。为了保证原料质量，胡雪岩专门养了一批东北梅花鹿，地点设在杭州涌金门外的胶厂。胡庆余堂制作全鹿丸还要选定一个好日子，之后给鹿披绿戴红，热热闹闹地游街。再回到鹿园，在众人的注视下把鹿宰杀，取其有用之处送进药场，让人们看到胡庆余堂用的都是真材实料。

　　为确保药材质量，在严格进货的同时，胡雪岩还抓了以下两个重要环节：

　　一是严格挑选。进了原料，先把杂质挑去，胡庆余堂药工十分仔细，就连麝香一类的高级原料，他们也仔细地把混在麝香粉里的细毛、血衣一一剔出，这样做既费工夫，又耗原料，却保证了药的效果。

　　二是精心贮藏。为了能更好地保存药材，胡雪岩购地 4 亩，依东、西、南三个方向自建了三个药库，同时还建了一个温度、湿度透风性都好的胶库，驴皮膏在此能存百年左右，质量如初。

　　中药讲究的是一个"纯"字。从原地采办药材才能制出好药，接着就可以修制了。要经过修制、制剂两个步骤。修制又称炮制，对"生药材"，即动、植、矿物进行必要的漂、剪、熬、煮、淬、泡、炸、煨、炒、灸、炼等制作加工，再用来制药；炮制过的药材，把它做成丸、散、膏、丹、酒等成药，就叫作制剂。

　　胡雪岩要求员工一定要"修制务精"，全部制药过程都要仔细认真，决不能马虎，更不能偷工减料，减损了药效。

　　胡庆余堂的一副对联就说明了这一点："修合虽无人见，存心自有天知"。对联中的"修"是指加工炮制"生药材"；"合"组合药材，制成成药。由于当时中药的修合传统秘方居多，外人是看不到的，自然十分神秘。人们看到的已是成品，其中的好与坏，只有懂行的人才知道。所以，往往有一些奸商以假乱真、以次充好获取暴利。《汪穰卿笔记》卷 2 记载："上海各药房之药，自燕窝、糖精以狡术获利，于是牛髓粉、牛骨粉、亚支粉及各种戒烟药水相继而起。此等伎俩及其物之价值，上海人人皆知之，内地人不知也。"这就是对众多晚清药业的欺诈行为的揭露，所以制药者要有极高的职业道德，一片诚心由天地鉴察罢了。只要不存害人之心，一片诚心向天地，人们自然产生信任之心。具体到胡庆余堂来讲，药效好，人们自然相信胡庆余堂的人心诚；在人们中的口碑好，自然信誉高，竞争力强。所以"心诚"实际上也关系到胡庆余堂自身的商业利益，胡雪岩对这一点看得很重。

"修制务精"一直以来是胡庆余堂的原则。

首先，"修"专心致志。如多年生蓼科植物大黄性寒味苦，能开积化滞、清火解毒，主治实热便秘、胃脘胀痛、痢疾、黄疸、瘀血闭经、目赤口疮、臃肿疔毒、肠痈腹痛等症，外敷可治烫伤。大黄是常用药材，只要根状茎，所以药工要细心地剥去大黄表皮，留根状茎。此外，苦杏仁要去其毒尖；麦冬芯性寒，先去其芯；麻黄要去节、莲子要去芯、肉桂去皮、五倍子褪毛……这些一丝不苟的做法保证了中药在色、香、味和疗效上都自有其他药品不可比拟之处。

其次，"制"精益求精。单说这治疗疮的"立马回疔丹"，其中有一味原料叫"金顶砒"，是根据东晋著名道士医学家、丹术家葛洪（约283－363年，丹阳句容人）的炼丹法，以青铜、砒霜为原料，提炼其表面结晶体而成。又如：治疗癫狂症的"龙虎丸"，其一种配药就是剧毒的砒霜，依古方炮制所言，以白布包砒霜嵌入豆腐，文火慢煮，煮至豆腐由白变黑（即砒霜中的部分毒汁被豆腐吸附）才可入药。为了防止服药者中毒，处理后的砒霜和其他细粉状的药物要严格地搅拌均匀。

《胡庆余堂：中药文化国宝》记载：胡庆余堂开办不久，有一人上门求医，说是新科举人，因中举而高兴过度引发癫狂症。此人家境困苦，十年寒窗，好不容易中了举人，父母期望他光宗耀祖，不料却患此重病。听罢原委，有个名医说：用龙虎丸或许能治愈此病。当时胡庆余堂并无此药，但胡雪岩却保证：半月之内一定制出此药。

但是清时制药还是手工搅拌，龙虎丸中有剧毒砒霜，一旦搅拌不匀就会危及性命，没有一人愿意干。过了10天，胡雪岩宣称药王桐君老人于昨夜托梦，把制药的秘诀都一一告之。他留下几个药工，打扫干净一间药房，紧闭窗门，并把秘诀传授他们。三天以后，龙虎丹果然制成，患病举人服药之后果然痊愈。胡雪岩在一次酒后才说出真话，原来，他命药工将药粉均匀地摊在竹片上，用木棒来来回回地写"龙""虎"二字，写了足足999遍之多，这样一来，药粉拌得自然匀透。把门窗都关起来是要求药工专心一致罢了。

桐君托梦的事是真是假，胡雪岩自己最清楚。在古代与近代社会中，药店为创牌子附会神灵，已经是见怪不怪的事了。

由于古代社会科学技术很不发达，附会神灵能使自己笼罩在"灵验"的神圣光环中。

胡庆余堂在制作自己的招牌药——"胡氏避瘟丹"之前，先请僧道来店堂念经拜忏，还下令让每个药工都不得住在家里而住在店中，待斋戒沐浴（吃素、盥洗、理发、剃须、更衣）后才能进行配药。这种带有封建迷信特征的做法，实际上是在为避瘟丹做广告，至于斋戒沐浴则是为了制药干净卫生。

另有一种"紫雪丹"，颜色为紫而形状像是霜雪，因南宋时颁定的我国第一部成药制剂规则——《太平惠民和剂局方》中的一张方子而得名，此药有镇惊通窍的功能。杭城另一家名药店叶种德堂便有此药售卖，胡庆余堂也制过此药，但疗效并不如想象中的好。为了研制"紫雪丹"，胡雪岩请教许多名医药师。一个从前在叶种德堂干过，现在供职于胡庆余堂，干了60多年的老药工提出：听祖辈讲，要保药效，制作紫雪丹最后一道工序，便是要把铜铁锅换成金铲银锅煎熬。胡雪岩按照老药工的说法，不惜工本，请来杭城最有名的金银巧匠，耗费黄金133克、白银1835克铸成金铲银锅，用来制作"紫雪丹"。结果，果如老药工所言，疗效大增。

胡庆余堂力行"戒欺""采办务真，修制务精"，制出了许多闻名于世的好药良药，有：四川白银耳、直指香莲丸、女科八珍丸、关东鹿茸、诸葛行军散、局方紫寻丹，十全大补丸、八宝红灵丹、局方黑锡丹、大补全鹿丸、精制猴枣散、喉症锡类散、八仙长寿丸、梅花点舌丹、立马回疔丹、人参再造丸、神香苏合丹、琥珀多寐丸、外科六神丸、百益镇惊丹、大山人参、胡氏避瘟母、小儿回春丸、佛兰西洋参、安宫牛黄丸、局方牛黄清心丸、六味地黄丸、圣济大活络丹、杞菊地黄丸、万氏牛黄清心丸、明目地黄丸、太乙紫金锭、济生归脾丸、石斛夜光丸、妇科白凤丸、纯阳正气丸、茱连金丸和丢砂云君丸。众多的知名药品，使胡庆余堂生意兴隆，"雪记"的金字招牌也为大家广泛认可。

胡雪岩认识到产品质量的重要性，严把质量关，大大超过了当时其他的商人。

同时，他信守诚实无欺、信誉第一的经营之道，建立起自己的金字招牌。

胡雪岩深知，商场上的竞争，关键是要有自己的金字招牌，打出自己的品牌。初创胡庆余堂，胡雪岩把名声打响。换言之，他要的是靠做出一块不倒的金字招牌建立起真正的名气。因此，他在用人进料、炮制药品、开药店等方面，也定下了两条必须遵循的原则：

第一，开的药方要可靠，药材的选用要地道，炮制更要仔细，药要有独特疗效。胡雪岩告诫手下，拿着真方子，卖的是假药，这是做生意的大忌。而且，他还要求，所有的药都要让顾客看清楚，以表明我们的药绝无假劣。为此，他甚至提议每次炮制一种特殊的成药之前，比如要合"十全大补丸"，先把做法贴出，让所有的人都看见。同时，为表明药料的真正实在，绝不瞒骗顾客，就在药店把药源摆出，比如卖鹿茸，就把鹿养在后院，这样顾客自然深信不疑。

药店档手要诚实、心慈、能干。旧时药店顾客休息厅中常挂一副对联："修合虽无人见，存心自有天知"，就是要让药店人员自身有较高的约束力。只有诚实的人才能为顾客着想，树药店的好名声。相反，不诚实的人，只能害了病人，砸了药店的牌子。

胡雪岩精于生财之道，他知道要树名牌、讲信用，要把面子上的事做好做足；搜罗人才，找靠山，施财扬名，广结人缘……这些措施确实行之有效。胡庆余堂刚开业时，曾做出这样的举措：在三伏天，向路人免费散发印有"胡庆余堂"的丹药，助路人解暑；在太平天国战争时，研制出避疫祛痢和治疗刀伤金创的药品，并低价大量供给清军。用现代经营眼光来看，既扩大声誉、树立了形象，又开拓了市场，提高了名声，建立了信用。正是靠了这些措施，胡庆余堂从开办之初就稳扎稳打，很快成为立足江浙、闻名全国的一流药店，而随着胡庆余堂影响力不断扩大。胡雪岩声名在外，也给他在其他诸如钱庄、丝茶、当铺的生意带来了积极的影响。

3."养命之源"

胡雪岩在开办胡庆余堂时，曾立下这样一条店规，就是要把顾客当成生命之源，他让店员把顾客当成自己的衣食父母，加倍尊重爱护。有了这个店规，胡庆余堂既保证药品质量，还通过优质服务礼貌待客，博得顾客的信赖。

从消费的心理学来讲，在购买商品时，消费者不仅购买具有特定物质形态和用途的实体产品，同时希望得到商家的尊重和热情周到的服务；从市场经营学的角度讲，服务是一种扩增的产品，服务水平的高低，体现了一个商家信誉的好坏。"冷语伤客六月寒，微笑迎宾数九暖"，如果服务态度极其恶劣，其他方面再好，也不会有人光顾。商家只有服务周到、礼貌待客，才能争取顾客，生意红火。

胡雪岩是朝野闻名的"红顶商人"，有高官显贵做靠山，人送"活财神"的美名，但他做生意并不借势来压人，胡庆余堂也不允许店员有仗势欺客的坏毛病，而是把热情待客定为店规，还把它作为考察店员的一个标准。在胡庆余堂，"新来的学徒，就要学习如何接待顾客"，胡庆余堂还定了几条规矩："顾客一进门，店员就要先站立主动打招呼，绝对不能背朝顾客；顾客上门，不能回绝，务使买卖成交；顾客配药，一定要配好配齐，让客人满意。"

胡庆余堂刚开张时，胡雪岩本人还穿戴一身整齐的官服，站在柜台前亲自待客。有一次，一位湖州的香客到这来进香，慕名而来胡庆余堂，买了胡庆余堂的一盒胡氏避瘟丹，打开一看，神情十分不满。胡雪岩恰巧在一旁注意到了，便上前查看，一看此药确实有些毛病，便再三道歉，并马上给他重换一盒。不巧此药当天却卖了个精光，一盒也没剩下，胡雪岩知他是远方客人，便把他留下来，并向他保证：三天之内一定奉上新药。三天后，胡雪岩果然言出必行，把新配制的避瘟丹送到湖州香客手中。这位顾客十分佩服和感动，此后，逢人便讲胡庆余堂服务周到、胡雪岩仁义待客的事。这事成了胡庆余堂的活广告。

胡雪岩把顾客看作活命源泉，处处为他们着想。胡庆余堂专设顾客休息场所；在三伏天为了防止路人中暑生病，免费供应清凉解热的中草药汤和各种痧药；每逢初一、十五，大量的香客上山烧香，胡庆余堂便将药品降价出售；有急诊病人求诊，即使是隆冬寒夜也都是全心接待。如：由于冬天天冷，是气管炎、支气管炎、哮喘之类病种的高发期，寒冬半夜常有病人敲门求药，值夜药工必定遵守胡庆余堂的规定，给病人现熬鲜竹沥。就是把新鲜的淡竹用刀劈开，在炭炉上文火烘烤，烤至竹沥渗出，接下竹沥，再用草纸滤过，当场让病人喝下。熬一剂竹沥要耗费两个钟点左右，病人多了，这一夜就别想睡，但药工们仍然严格按步骤熬制，细心地照顾病人。

其实，把顾客的满意作为一种生意策略，在我国古代早期就有记载。战国末期哲学家、法家主要代表人物韩非（约公元前280－前233年），在《韩非子·外储说右上》就谈了一个"狗猛酒酸"的事。说的是宋国有家酒店酒做得好，招牌也招人注意，可就是无人光顾，时间一长，酒变酸了。店主十分困惑，便去向有名的长者杨倩询问。

杨倩说:"原因在于你家的看门狗太凶猛,把来替大人打酒的小孩都吓跑了。"这则寓言说明:优质的服务与过硬的质量一样,同样能让商家在竞争中处于有利地位。

在当时商品经济刚刚萌芽时期,胡雪岩能够意识到这一点,实在是十分精明,也是有远见。

三、打开市面

1. 真不二价

商品经济的兴起、社会分工的加强,让原本相互独立的经营者对立起来,使竞争更加激烈。而在竞争面前,所有的经营者都是平等的。竞争使每个商家在产品服务等多方面都要不低于社会平均水平,这要求他们的产品质好、成本低、价格便宜,同时还要有周到热情的服务。"流水不腐,户枢不蠹",经营者只有在不断的竞争中才能提高自己。在这方面,胡雪岩更是胜人一筹,击败叶种德堂是胡雪岩竞争有道的最好表现。

叶种德堂建于嘉庆十三年(1808),地处望仙桥直街吉祥巷口,占地7亩多,由前任清廷刑部官员的宁波人叶谱山在离职后定居杭州而建。规模大、资金雄厚、设备全,设计为前店后场,在清朝道光、咸丰年间生意十分兴隆,与许广和、碧苏斋这些大店齐名,同业无人能比。

可是,自从胡庆余堂的兴起,叶种德堂才感觉到真正的对手来了。由于胡庆余堂店规严格,立"戒欺"等规矩,制作精细、药材地道、服务周到,所以受到老百姓的信任,生意很好。叶种德堂的老板眼看着自己的客户一天天减少，心中很是着急，他苦思冥想，准备与胡庆余堂打价格战：高丽参，胡庆余堂卖 2 钱银子，它卖 1 钱 7；淮山药，胡庆余堂要 5 厘纹银，它只卖 4 厘……

市场购买力一定的状况下，价格的升降与消费的增减是相反的，价格低，消费量自然会增加。叶种德堂的低价销售刚开始起了不小的作用。

看着顾客被拉走，胡庆余堂的上上下下都急了。但胡雪岩明白，压价销售只是权宜之计，药品的质量也得不到保证，而药效一差，消费者也就不买账了。所以，他非常自信地给自己的部属讲了一个"真不二价"的故事：

据民间传说，中国古代有个叫韩康的人靠采药和卖药度日。市场上有卖假药的，报虚价、低价卖给顾客，而韩康卖的是上等真货，报的又是实价，因此他从不降低价格，自称"真不二价"。病人吃了韩康的药，一二次就有了疗效，所以，即使他卖的药价钱贵一点，但还是有很多人光顾。

胡雪岩讲这则故事的目的是要员工明白什么叫作"真不二价"，他不仅没有跟风似的降价，反而在店堂外挂出一块金光闪闪的招牌，上书"真不二价"四个大字。

"真不二价"关键在一个真字。胡庆余堂严把进货与加工关，除真正做到"采办务真，修制务精"外，还给足份量。比如说，有的药行的人参中含水份，顾客感到不够斤量，还有的短斤缺两，而胡庆余堂的人参，都是经生石灰吸水后的干参。这样胡庆余堂少赚了许多，但这种参出售时份量足、成色好，顾客买的是货真价实，回去放几天，吸水后，干参还加重了！这么一来，顾客自然十分满意，胡庆余堂赢得人心，没过多久，又都把顾客抢了回来。

而叶种德堂吃了大亏，他长时间的低价销售，好参不敢降价怕亏本，次参效果不好，又没有人买，最后不得不又恢复了原价。

胡雪岩就是用"真不二价"的竞争策略挫败了叶种德堂，使得胡庆余堂在杭州城迅速壮大起来了。

2. 招招领先

胡雪岩在做"市面"方面也有自己的一套：

一是选址正确。胡庆余堂建在大井巷，后依吴山，上面寺庙众多，百戏杂陈，人们都愿意去游玩；前临清河坊，是有名的商业闹市，杭州最热闹的地方。因而，社会上形形色色的人，购货卖物，上山下山，都要经过胡庆余堂。值得一提的是，附近有一口神秘的古老大井，井水清冽、甜润，在大旱时期，也是溢满井水，十分神奇，是制药的好水，占尽了地势之利。

二是独特的店堂布局。对它的布局有这样的描述："高干墙用方砖对角垒成，气势雄伟；两扇兽头铜环大门，十分有气度；跨进门，走进曲折的朱漆回廊，栏杆处栽有名花异卉，廊壁悬有红木板联，名家书法映入眼帘，一看内容却是丸散膏丹药名及其药性，十分高雅，令人驻足细赏；再进去，便看到石库雕花墙门，仿佛别有洞天；再进去，是个两厢护卫、中堂宽敞的花厅，金碧辉煌，雕栏画栋，原来是店堂，红木柜台，分列左右，当中放有红木几椅，重瓣花形大吊灯悬在上面。看得人都翘首以待，对所售之药自亦另眼相待。"

三是开创了新的购买方式——邮购。为了加大胡庆余堂的影响，也为了让更多的病人得益，胡雪岩成立了专门负责邮购的部门。病人即使离得再远，只要写信到胡庆余堂，职员就会马上按照信中的要求，将中药或成药寄给病人。这使病人感到便捷与实惠。

四是做了大量的广告宣传。胡庆余堂创办在光绪初年，那时，工商界的广告并不发达。目光敏锐的胡雪岩就深知广告的作用了。此项业务一开张就连续地在《申报》上做广告，并申明本店宗旨以及便民邮购等事宜。久而久之，全国各地甚至边远地区，也知道杭州有家济世便民的药店了。同时，他还以免费赠送的方式做广告。在中成药避瘟丹刚上市时，他坚持三年以内有需要的顾客免费索取。使得胡庆余堂在民众当中影响甚好。

胡雪岩的"胡庆余堂"不断发展壮大。经过十几年的洗礼，"胡庆余堂"成为名闻天下的老字号药店，为胡雪岩挣了不少钱财，胡雪岩也因此得了"胡大善人"的名声，极大地促进了他所经营的其他生意的发展。

从开钱庄到销"洋庄"，再到开药店，胡雪岩四面出击，不断成功地开辟新的市场，不能不让人为之折服。

第六章　游刃官场

一、献贿有方

1. 贪官易用

俗话说得好："无商不奸，无官不贪""三年清知府，十万雪花银"。晚清由于政治制度的腐败，此风更盛，朝廷的大小官吏大多数都以受贿图利为目的。然而，作为一个国家官员，他们并不敢明要，而是暗中要求。于是便有一些下属脑子转得慢，不得其要领，事情办不好还蒙在鼓里。胡雪岩却精通此道，少说话，多送钱，是他结交官员的高招。

自从胡雪岩帮王有龄解决了调动漕米的问题，王有龄在浙江官场上名声大振，都夸他有本事，也得以署理湖州府。按惯例他既已得州府实缺，就不能再在海运局坐办的位置上待下去了。但由于还没有补上调动漕米落下的亏空，加上还要借助海运局处理一些生意，王有龄想暂时兼领海运局坐办。想得到抚台的允许自然不难。不过，当王有龄把这事一说给抚台黄宗汉，黄宗汉却有意卖了个关子，并没有当面答应他的请求，岔开话题却向他问及阜康钱庄的情况，还说要请胡雪岩为他代汇一万两的捐输军饷。王有龄自然爽快地答应了，说是随时都能办。不料王有龄话没说完，黄宗汉便变了脸色，起身送客。王有龄兼领海运局坐办的事，自然没有答应。

这样一来，王有龄是满头雾水，不知自己错在哪里。

胡雪岩自然明白。黄宗汉贪财刻毒，只认钱不认人，是个不折不扣的小人。浙江前任藩司椿寿，就是因为没送上四万两银子，被他在漕米解运的事情上狠整了一把，丢了身家性命。胡雪岩告诉王有龄，说他真是糊涂至极，黄宗汉并不是真的要阜康交汇捐输军饷，他其实是要借海运局的差使，要王有龄送礼，而且一万两银就是礼金。你王有龄没弄清这其中的原因，还口口声声答应下来，你这样做不是有意装糊涂，就是愚蠢，兼领海运局坐办的事自然办不成。

经胡雪岩一说，王有龄这才明白，第二天就急忙代黄宗汉交了一万银子的捐输军饷。果真灵验无比，一万两银子交出，事情就办成了。

黄宗汉为官贪婪、刻毒，他从不当面索要，手下人要是不给，黄抚台也不会发作，但他往往找其他事来整那些不送礼的部下。胡雪岩十分聪明，他看得出黄宗汉是个只认钱不认人的贪官，只要送钱，什么事都好办。

经过这一回，胡雪岩对黄宗汉的索贿牢记在心。办理漕粮事件之时，与胡雪岩在赶往上海松江府之前，王有龄提领公款三万两银子，把它做为盘缠。其实三万两银子当中，实实在在只有一万两用于差旅，其他两万两，是打点黄宗汉的。胡雪岩早就想到，抚台黄宗汉爱财如命，这趟出去，当然要给他好处。他要王有龄去探口风。

正如胡雪岩所料，黄宗汉暗示要两万两银子。所以，胡雪岩就要王有龄带上那两万两银子，一到上海就汇到福建黄宗汉老家。

胡雪岩办事善于察颜观色，上级想到什么，他就让他们得到什么，使得黄宗汉十分高兴，自然是有求必应。后来胡雪岩在浙江的许多生意比如贩运军火，正是由于黄宗汉的帮助才能做成。

2. 清士难服

王有龄在胡雪岩的帮助下，做官一直都很顺利，但就在这时，上面却派给他一项十分棘手的任务。新城有个和尚与朝廷做对，公然聚众抗粮，抚台黄宗汉把剿办的任务交给了王有龄。然而新城民风凶悍，吃软不吃硬，来硬的只会引起更大的骚乱。候补州县里有个叫嵇鹤龄的，他提出了"先抚后剿"的好主意，但是他十分高傲，并不愿意干。这嵇鹤龄家境贫寒，可是他从不向人哭诉，不想让别人可怜他。胡雪岩下定决心要说动他，刚好嵇鹤龄正追悼自己死去的妻子，于是胡雪岩穿上袍褂，戴上水晶顶子大帽，带上自己的人，乘轿向嵇鹤龄家里去。

胡雪岩找到嵇鹤龄的家，便说自己是来追悼他的妻子，要嵇鹤龄出来相见。但嵇鹤龄却说互不相识，就是不出来。

胡雪岩站在院子里，事先料定他会如此，但他并未气馁，只见他款步走到灵堂前，捧起家人刚才点燃的香，十分恭敬地行起礼来。这一招实在是太绝了，因为依照礼仪规矩，主人一定要给行过礼的客人还礼。嵇鹤龄没办法，只有露面，请胡雪岩入室相坐。坐下以后，胡雪岩说了许多好听、有用的话。嵇鹤龄听了这些话，自然也就不再那么冷淡了。

"嵇兄，王大人托我交给您些东西，您一定要笑纳。"说着，胡雪岩递给他一个信封。

嵇鹤龄打开信封一看，原来里面是一叠借据和当票底根，但都被"注销"和"作废"，成了一堆废纸。

原来这些都是胡雪岩通过自己的关系悄悄地给嵇鹤龄取了出来。

胡雪岩的举动，深深地打动了嵇鹤龄，言语也就缓和下来了。

嵇鹤龄明白王有龄十分倚重胡雪岩，本来还有戒心，经过胡雪岩这一番努力，他不但戒心全消，心里也产生了敬佩之情。

话说着，到了晌午，胡雪岩便请嵇鹤龄出去喝酒。嵇鹤龄家中丧妻，无人料理，十分杂乱，只好主随客便。于是进屋换了布衫，随胡雪岩出门喝酒去了。

没过多久，王有龄派嵇鹤龄到新城，果不出所料，嵇鹤龄得胜而回。他协同地方绅士，设计擒获首要各犯，解送到杭州审讯法办。抚台黄宗汉为了给有功的人员请功，早就出奏了保案。只是立头功的嵇鹤龄却只得了个明保。胡雪岩知道其中必有原因，回去封了两万银票给黄宗汉的老家汇去，这才让王有龄去见黄宗汉。抚台便当面答应王有龄让嵇鹤龄接替他原来在浙江海运局的职位。到了这个时候，任务完成了，大家都得到了好处，自然很高兴。

可以看出，胡雪岩在整件事中手段十分高明。第一，以情感入手，说动嵇鹤龄。嵇鹤龄刚刚丧妻，只有几个好朋友前来吊唁，胡雪岩对于他亡妻的真诚祭奠以及对嵇鹤龄遭遇的同情之心，一下子就打动了他。第二，让嵇鹤龄做了官。嵇鹤龄一直没有得到过实缺，生活十分困难。帮在实处，便见真情，嵇鹤龄自是感激万分。而且，让人佩服的是，胡雪岩知道嵇鹤龄是要面子的读书人，无功不受禄，因此，他用嵇鹤龄的名号销掉借据和票底并在他面前说以后有钱再还，给足了嵇鹤龄面子。这样，不仅为嵇鹤龄解决了实际的困难，也保全了他的面子。一身傲骨的嵇鹤龄也会对胡雪岩佩服得五体投地。

胡雪岩的做法，就是以情动人、以真心换真心。事实上，胡雪岩如此相待嵇鹤龄，虽然是用了些手段，但也是从心里佩服他，极想和他结交。胡雪岩虽是一个没读过多少书的商人，在遗憾之余也十分看重读书人。由此可见，胡雪岩也的确是用了真心。后来为了帮助嵇鹤龄，他还当媒人，把王有龄夫人的贴身丫环许配给了嵇鹤龄。他们两个人也结为兄弟。

3. 献贿请功

人世间的人都以"利"字当头，人人都有求利之心，封建官僚则更是如此。

晚清时期，"官本位"十分盛行。而胡雪岩所谓的"官商"之路，则很大程度上是权钱交易所铺平的。因此，胡雪岩要想借官场之势，就必须贿赂官员。他为了拉拢官场势力，向来是十分舍得花钱来收买他们，事实证明有投资自然就有回报。

要想同官府打交道，就得不惜重金。比如胡雪岩一听说某某官员来看他，就在衣袖里事先准备好银票再去会客，根据来人的地位、声望，三五千两至一万两不等。人们对于这些伸手可得的东西有很强的欲望。你这里给官员一个惊喜，给了他们好印象，以后说话办事自然方便。

当初，嵇鹤龄被胡雪岩收服，帮助王有龄解决了困难。王有龄见嵇鹤龄为自己解除了危机，对他的能力十分赞赏并答应为他请功。抚台大人黄宗汉也同意了，并说也要给王有龄记上一功。

可是，数日之后，只有王有龄调任署理湖州府的信札，却没有给真正立功的嵇鹤龄嘉奖。胡雪岩知道其中必然有鬼，这一打听，才明白，黄宗汉早就暗示过嵇鹤龄。但嵇鹤龄是个读书人，生性孤傲耿直，知道官场虽然表面上很干净，实际上是最黑暗、肮脏的地方，他不愿用钱来贿赂他们，心里很是气愤，对于请功一事也就耽搁下了。

而王有龄见为自己立功的嵇鹤龄的委任官札还没有音信，心里面十分着急，他决定亲自登门去拜访一下黄大人。黄宗汉知道王有龄是自己上司何桂清的同年之交，对他以礼相待。

王有龄不好直说嵇鹤龄委任的事，只是旁敲侧击地说自己的这次升迁全靠黄大人的提携，自己并没有出多大力，受到如此奖赏十分惭愧。想提醒黄宗汉不要忘了嵇鹤龄。

黄宗汉并没有领会他的意图，他只是问胡雪岩阜康钱庄开张后生意怎么样，还说要到阜康给老家兑汇两万两银子以表孝心。而对于嵇鹤龄委任一事，却是避而不谈。

王有龄并没有理解他的暗示，继续在"旁敲侧击"。黄宗汉十分不悦，推说自己身体不舒服，不能久陪，王有龄只好告辞了。

胡雪岩从王有龄那里知道这些后，微微一笑，胸有成竹地告诉王有龄，三日之内，嵇鹤龄的委任札必会批下。

胡雪岩回到阜康钱庄，立即备齐两万两银票，然后以嵇鹤龄的名义兑汇到黄宗汉的老家，事情一办完，就把汇票的底根送给黄宗汉过目。

不出三日，嵇鹤龄的委任札就下来了，做了浙江海运局的坐办。王有龄佩服胡雪岩料事如神，嵇鹤龄也清楚有人暗中相助，只是不知是他们俩其中的哪一位。

胡雪岩处世圆滑，既了了黄宗汉的心愿，又解决了嵇鹤龄的委任迟迟未定的问题，而这一切都是暗箱操作，既保全了嵇鹤龄读书人清高的面子，也算实现了王有龄要报恩的想法。

胡雪岩这种行贿赂、走后门的做法，是为人不耻的肮脏方法，但在那个社会，要想尽快解决问题，不得不这样做。这种想法与做法虽然急功近利了些，但最终结果却是皆大欢喜，而不像嵇、王二人那样解决不了问题。特别是在胡雪岩那个时代，身为商人，要结交官府的最好办法就是权钱交易。胡雪岩之所以能成功就在于他圆滑的处世方式。

胡雪岩行贿，善于投其所好：喜欢古玩的就送他古玩字画；喜欢珠宝的，就送他珠宝重器；爱抽大烟的，就送上好的烟土，诸如此类。胡雪岩进京，为了能借到洋债，在朝廷中找关系，打听到户部尚书宝鋆十分喜爱古书字画，就以三万两银子，在市场上购得吴道子真迹，在适当的时候送到他手里。宝鋆得了吴道子真迹，十分喜爱，等再上朝时就改变主意，同意借洋款。

在旧社会行贿是最为简便有效打通关系的方法。遇到大生意，行贿更是有用，行了贿再大的事也能办成。

胡雪岩拿钱来铺平官场的路子，有意地寻求官场这把大保护伞。

在今天看来，这是违法乱纪的事。但是在那种状况下，我们又很难简单地指责胡雪岩的这种手段。他从一个商人的角度，不断为自己培植官场上的靠山，以求得更大的发展。

二、化敌为友

王有龄曾经遇到一件麻烦事，他去拜见巡抚大人，巡抚大人却总避而不见。

王有龄自从当上湖州知府以来，十分注重与上级的关系，逢年过节，上至巡抚，下至巡抚院守门的，浙江官场各位官员，他使出浑身解数，都打点到家。这些官员对他也是十分喜欢，每次到巡抚院，巡抚大人总是马上召见，不知今日为何避而不见呢？

王有龄十分沮丧，打道回府，便急忙与胡雪岩商讨此事。

胡雪岩明白一定事出有因，于是便立即到巡抚院打听打听，找到巡抚手下的何师爷，何师爷是他的老朋友，自然会告诉他。

原来，黄大人的表亲周道台在他面前告了王有龄一状，说王有龄的湖州府今年丰收，得了不少的好处，上的贡却不见上涨。可见王有龄自以为升了官，长了能耐，看不起大人了。巡抚听了后，很是生气，所以决定给王有龄一些颜色。

周道台为什么要与王有龄作对呢？

原来，这周道台也是捐官的候补道台。因为自恃是黄抚台的表亲，十分嚣张，许多人都对他不满。黄抚台也了解他，不敢放他实缺，生怕他惹出事来，念及亲情，也就让他在衙门做些文案的差事。

湖州知府调离后，周道台很想坐这个位置，但王有龄使了大量银子，争到了这个位置。周道台对此耿耿于怀，经常在巡抚面前造他的谣。

王有龄一听此事，十分害怕，今年湖州收成与往年持平，所以给巡抚黄大人上的礼和以前一样，哪知竟有人说自己的坏话，自己不知不觉就得罪了巡抚，如果再被他在朝廷上参一本，这个辛苦得来的官是别想当了。

对此，胡雪岩却并不放在心上，他从怀里掏出一只空摺子，填上两万银子的数目，并通知黄大人，说王有龄已替他把银子存到钱庄，只是还没来得及说罢了。

黄巡抚收到摺子后，立即恢复了笑脸，还派人请王有龄到巡抚院饮酒。此事过后，胡雪岩并不高兴，他知道有周道台这个绊脚石在巡抚身边，十分危险。

王有龄心里也清楚，只是周道台乃黄大人表亲，要想扳倒他十分不易。

胡雪岩冥思苦想，连夜给何师爷送去一封信和一千两银票，何师爷当夜赶来，在密室同胡雪岩谈了一阵，这才离去。

第二天一早，胡雪岩便告诉王有龄说周道台近日正与洋人做生意，是十分特殊的军火生意，但这却犯了官场大忌。

原来，太平天国之后，各省纷纷办洋务、打制战舰，沿海各省更甚。浙江由于财政亏空，无钱造船，所以想向外国购买炮船。一般来说，浙江地方购船，当然要巡抚过问，但浙江藩司仗着自己的老师是军机大臣文煜，平日里又与黄宗汉不和，便瞒着巡抚，巡抚对藩司的事一般也不过问，只求相安无事。

然而这次购买炮舰，事关重大，花费有十万两之多，回扣也有十多万，瞒着巡抚，连藩司也觉心虚。虽然朝中有靠山，但自己毕竟在他手下办事，于是便把周道台拉上了。这藩司想得十分周道，一则周道台能言善辩，方便同洋人打交道；二则他是黄巡抚的表亲，万一被发现，也不怕巡抚大人治罪。

周道台被钱迷昏了头，居然答应这种事。他满以为这是个秘密，不巧却被何师爷发现了，何师爷知道此事非同小可，所以闭口不言。今日胡雪岩一问，何师爷平日里对周道台十分厌恶，也就说了。

王有龄听后大喜，就要到黄巡抚那告他一状。

胡雪岩道："我们千万不能这样做，断了别人的财路，把藩司和周道台都得罪了，就等于断了我们的财路，更落下个告密的坏名声。"

两人又商议半天，最后终于想到一个好办法。

这天深夜，周道台被急促的敲门声从睡梦中惊醒。他这几日十分劳累，有人半夜扰他清梦，自然不高兴，打开门一看，才知原来是抚院的何师爷。

何师爷见到周道台，并不言语，从怀里摸出两封信递给他。

周道台一看信的内容，脸色一下变白了，原来这竟然是两封揭发信，把他做过的坏事和要从洋人手中买船一事都说得清清楚楚。

何师爷这才说出缘由，今天下午，士兵捡了两封不知谁扔进巡抚的信，何师爷碰到后，拿过信一看，知道事关重大，看在同事的分上才来告诉他。

周道台一听吓得魂都没了，更别说谢何师爷了。他心里想一定是得罪人太多，这些人知道了他买船的事，正好报复，这该如何是好。心里一着急，便求何师爷帮忙。

何师爷故意沉思一会儿，这才对他说，巡抚只是和藩司不和，对于买船的事也同意。既然与洋人谈妥，只能买了，但现在巡抚一时并无这么多钱，要解决此事，一定要求助于巨富。日后黄大人问起，只要不说是同藩司一块办的，就说是自己一手办成的便可。

周道台听完，不由得为难起来。他在浙江一带，并没有什么朋友，更别说巨富了。

何师爷趁机介绍王有龄，说他人缘好、又能干。江浙大贾胡雪岩是他契弟，仗义疏财，可以求他帮忙。

一提王有龄，周道台就不说话了，脸色也变了。

何师爷自然明白他的想法，趁热打铁，把利害关系表明，这才说动周道台。周道台第二天一大早便来到王有龄府上。王有龄虚席以待，周道台把此事一说，王有龄沉吟片刻道："我本不该插手此事，但看在周兄的面子上，我帮你一把，但得的好处是一分不要。"

周道台一听，以为王有龄有意为难，忙表真心。

两人互相推说了一会儿，周道台最后便答应了他的要求。于是王有龄到巡抚衙门，把胡雪岩愿资助浙江购船的事说给黄大人，并推荐让周道台去办。

巡抚知道又有好处可得，便答应了。

周道台对王有龄的仗义相助，心里有愧。办完购船事宜后，便向王有龄道歉，两人从此成为知己。

胡雪岩认为，在生意场上，没有真正的朋友，也没有真正的敌人，只有利益是大家都要的。有了麻烦，大家在一起解决。如果互相排挤，只能两败俱伤。

胡雪岩在外经商多时，虽然对做官并无兴趣，但和场面上人物常打交道，自己是个小商人，显得身份低微，为了提高身份，才捐了官。后来王有龄身兼三大职务，自然没有工夫管海运局，正好胡雪岩捐官成功，便要安排他做委员，成为自己在海运局的代理人。

胡雪岩并不想干。他比别人想得远。胡雪岩说，海运局里有个资格又老、辈份又高的周委员。如果王有龄卸任，理应轮到周委员，如果贸然让胡雪岩去做这个官，等于抢了周委员的位置。反正周委员也是自己人，如果由周某代理当家，有事是不会不向胡雪岩求教的。既然如此，就应该把代理职位赏给周委员。

这样一来，胡雪岩把好处让给他人，拉拢了人心。所以说，他不做这个官，实在是极有眼光有远见的。

三、交友之术

1. 献美女

咸丰四年（1854）初，太平军节节胜利，声势很盛，并定都金陵，接着便要北伐。安徽、湖北两省十分危险，弄得人心惶惶。

一天傍晚，胡雪岩忙完钱庄的事，关了店门，正要休息。忽然门外有人叫门。开门一看，是梨花春鸨母派人来，说"梨花春"刚刚从外地买回一个姑娘，原是官宦人家千金小姐，父亲吃了官司，全家查抄，这才落难于此。

胡雪岩十分好色，把什么都打听了一遍，说着匆匆换了衣服，急忙向梨花春赶去。一路上他十分兴奋。原来他自幼出身贫苦，觉得很没面子，十分自卑。如今手里有了钱，当然想娶个千金小姐作姨太太，但又不忍让同甘共苦的妻子伤心。再说，有钱人家谁愿意让自己的千金给人家做妾，终难如愿，只能寻花问柳，眼下听到有如此可心的千金小姐，当然急着相见。心生急念，脚下生风，很快到了"梨花春"，鸨母李妈笑脸相迎，指向后房。烛光映照下，窗口显出一个婀娜多姿的少女身影。胡雪岩似乎嗅到一股幽兰香味，心里一阵陶醉，顾不上规矩，塞给李妈一张 500 两的银票，说道："李妈多担待，今日打扰了。"

那姑娘坐在窗前，像一座观音像，气质高雅、仪态万方，只是有些伤感，一举一动，一看便知是大家闺秀。胡雪岩只一看，便被小姐的魅力所征服。刚才在路上还想要玩个痛快，此刻却不敢轻薄。他小心翼翼地走上前，彬彬有礼拱手道："让小姐久等，小生有礼了。"小姐慌忙起身还礼，道："罪过，罪过，待罪之妾，怎敢受公子大礼？"她见胡雪岩举止大方，还以为是个大家子弟。胡雪岩心里舒服极了，美人如此抬举他，还是第一回，他有些受宠若惊，决定就扮个大家子弟，博取她的芳心。

胡雪岩并不着急，装模作样坐在姑娘跟前，说："小生虽不才，也曾饱读诗书，听说院里来了位小姐，十分惊奇。此处是污垢之地，怎容得下小姐清白之身，所以唯恐小姐受辱，急忙赶来看个究竟。"

胡雪岩一番花言巧语把自己变成了饱读诗书的好人。姑娘受了许多委屈，正无处倾诉，见他如此体贴通情，不由得掉下泪来，把自己的身世说了出来。她名芸香，广东惠州人，世代官宦门第，祖父是个藩台，父亲当了个学政。不料年前乡试，有人把一桩贿赂考官案告到了京城，皇上十分气愤，严旨勘查查明情况，芸香父亲受牵连被革职流放伊犁，全家被卖为奴。李妈眼疾手快以 2000 两银子买下她，这才来到杭州。

胡雪岩暗暗惊叹："实在是妙！"果然是地地道道的大家闺秀、千金小姐。观其双目有神，聚而不散，脖颈细长而不雍圆，腰身窈窕而不柔软，腹部深凹而不鼓凸。依经验来看，必定是个处女身子，多亏李妈有心，我今天才有此艳福，真是千载难逢！

胡雪岩热血上冲，便想与她云雨，但又恐露出粗鄙本性，小姐瞧不起他。于是依旧举止文雅，叫来一桌酒菜，与芸香小姐喝起酒来，好言相劝，哄得她高兴。芸香小姐刚喝了几杯，脸色红润，冲淡了不少忧愁。她自小过惯了富家生活，哪里明白人生的是非。家破人亡后也没认识到，以为凭借美色非凡，会有贵人相助。今晚遇见胡雪岩，一看是个穿着得体的俊俏书生，言语文雅，还以为是仗义相助的豪门公子，便有以身相托之意。

胡雪岩是采花老手，早就看出她的意思。心里一热，抱住她的肩头，致歉道："小姐身份高贵，惟恐亵渎了你，小生不敢张狂。"

芸香不由他说，倒在他怀里，嘤嘤啜泣道："公子不弃，奴愿以身相托……"说话间，吹灭灯火，拥向牙床。

然而胡雪岩的艳福却落了个空，两人虽相偎相抱，一个以身相许，另一人却力不能胜、无法消受，十分沮丧，也不知为何。胡雪岩一看好事不成，索性好人做到底，脑子里突然灵光一闪有了个自己都叫绝的好主意。芸香这时已任他为所欲为，不料许久不见动静，胡雪岩也不说话。芸香心里有些慌乱，忙问："公子不喜欢我？""哪里话，这样的美人，谁人不爱？""那你是坐怀不乱的柳下惠？"胡雪岩不知道柳下惠，但也知她的意思，索性与她明说："我只是个钱庄伙计，不是富家公子，只恐身份低微亵渎了小姐。"

芸香目瞪口呆，又羞又急："那你来此为何？"

"前来搭救小姐，求脱身之计。"

"此话当真？"

"自然当真，我刚才对小姐是秋毫无犯，并无恶意。"

芸香想想，羞得脸都红了，蒙住脸道："天下若真有坐怀不乱的柳下惠，就是你胡先生。"

胡雪岩十分得意道："我其实常来院里走动，因为敬重小姐，才止住心猿意引，此心之诚，惟天可表。"

芸香感动得泪如泉涌，道："你若能救我出去，我愿伺候你一辈子。"

"那大可不必，"胡雪岩道，"我是要你做官夫人，享受荣华富贵。"

"若这样的话，我愿为你效犬马之劳。"

"太好了，"胡雪岩拍手笑道，"说了半天，就等你表这个心。"于是两人整理好衣冠，重摆夜酒，谈了一宿，直到天明，胡雪岩才步出房门，对鸨母李妈吩咐道："从今儿起，没我的允许芸香概不接客。"

"我可是花了 2000 两买来的，白养我可养不起啊。"

胡雪岩掏出 1000 两银子的银票给她："这是包银，看管好了，另有重赏。"

李妈见钱眼开十分高兴，对胡雪岩千恩万谢。

胡雪岩走出院门，深吸一口气，头脑似乎才清醒过来，拍着脑门儿惋惜道："可惜，一朵娇花，自己消受不了，却要拱手相送，真是一段'今生奇观'哪。"但胡雪岩又用他那精明的生意头脑一算，便知是一本万利的好买卖。美女换得万锭银，当然要干。

一大早，王有龄还睡着，便听胡雪岩急匆匆的脚步声，他俩见面无须通报，没有那么多礼节。王有龄探起身子，诧异道："这么早赶来，有什么急事吗？"

"自然是天大的喜事，特来向大哥道喜。"胡雪岩兴冲冲道，表现得十分兴奋。王有龄十分迷惑："我还没到湖州上任，还能有什么喜事？"

"大哥，你一个人去湖州上任，无人在旁照料，小弟很不放心，我已找了个美人陪你上任，以解大哥孤寂之苦。"

王有龄一听自是高兴，他原本老家有妻室，因千里求官，抛下家小单身赴任，平时寻花问柳也落得个快活自在。听胡雪岩此说，问道："此为何处美女？""梨花春。"王有龄失声笑道："老弟真会开玩笑，杭州的妓院我都去过，都是些低俗的货色，做不了知府的姨太太，若别人知道我竟如此，还不是丢人现眼？"

"大哥有所不知，"胡雪岩一本正经地说，"梨花春新来一名姑娘，系广东学政之女，因她父亲犯了案才被官卖为妓，小弟刚去见过，果然国色天香，做大哥的红粉知己，一定为大哥长脸，正是天作之合的姻缘。"

"哦！"王有龄意味深长道，"你既已见过，与她待了多久？""仅昨晚一宿。""行了，老弟你既然也上了手，我怎么能夺人所爱，还不如我牵个红线，你娶了人家，我也替你高兴。"

"大哥误会了，"胡雪岩着急道，"小弟见她天姿国色，正好与大哥相配，我对她秋毫无犯，不敢占为所有，大哥若是不信，可亲去查看，足证小弟一片苦心。"

"果真如此？"王有龄呆住了，难得胡雪岩如此忠心，竟能坐怀不乱，实在是难为他了。当下王有龄同胡雪岩急急忙忙用过早茶，乘两乘小轿，悄悄溜到梨花春看个明白。

王有龄一见芸香，果然是个美人，不由得怜香惜玉起来。芸香诗书文章，样样精通，引经据典，对答如流，确是个难以多得的女才子。王有龄越看越高兴，有心要纳她为妾。芸香急切要跳出这个火坑，两人情投意合，迫不及待地拥上床。初试云雨，芸香果然是处女身子。王有龄对胡雪岩更是感激万分。

胡雪岩见他们一拍即合，便悄然离开梨花春，心里又妒又喜。妒的是美人让给别人享用，心里不是滋味儿；喜的是自己的人情送得妙，在王有龄身边安插了一位忠心的眼线。今后但凡王有龄一应公事，芸香自会通知他，令他早做准备。利弊的大小，胡雪岩掂量一番，心里也觉得自己并没有吃亏。

王有龄赎芸香花了 5000 两，娶为姨太太，心满意足地前去湖州赴任，从此他的一举一动无不掌握在胡雪岩手中，筹划谋断无不听从芸香。直至他官至浙江巡抚，到太平军攻破杭州他被迫自杀身亡时，也不知这其中的秘密。

2. 平民变

王有龄上任湖州府，正逢湖州属下的一个县城有农民造反，乱民攻占了县城，杀了县官，还自立为王，竖起旗子，自称"无敌大王"。王有龄知道后，大为恼火，把手下的人都召集起来商议对策，他们出主意说要进行围剿。王有龄也觉得应该这样。

然而手下有个叫司马松的幕士却不同意这样做。他认为，官兵很久没有操练过，所以是拼不过反贼的，乱军气势正盛，不应与之正面交锋。否则，一旦官兵被乱军打败，只怕四处的乱民都会起来造反，引起更大的骚乱，而且民变是有原因的，当以"抚"字为上，既可安抚民心，也可平定民乱。

司马松这个人平时不爱说话，又爱占便宜，穿得又脏又乱。所以同事都不喜欢他，连王有龄对他也十分讨厌，只因看在朋友的面子上才留下他。平时大家都看不起他，不把他当回事儿，今日见他灭自家威风，对他更是厌烦，并不理会他，派人领一千人马去镇压。

正如司马松所说，官兵中伏失败，别处的饥民见"无敌大王"轻而易举地获胜，便也纷纷起来闹事，响应"无敌大王"。

这下可把王有龄吓坏了，赶忙召集众幕僚再商对策，大家也都没了主意。这才想起司马松，却发现他已生病回家，怎么请都不出来。

胡雪岩了解了情况，认定平乱非司马松不可。他说，司马松面相端正，善良正直，眉间英气凝聚，有传世之才，大智若愚，表面上看不出来，其实此人心计必深。他虽然平时很少说话，也不善交际，但那日献计用抚不用剿，实在是比一般人高明。露相非真人，平时藏而不露，到危难之际挺身而出，突显才智，才是中用之人。之所以没有被发现，是因为他觉得王有龄看不起他，对他不重用。

事实上，司马松命运坎坷，出生前父亲就死了，由母亲一手带大，后来又替他娶妻，但没几年母亲就病倒了。后来，妻子抛下一家老小，跟他人跑了。可怜司马松上有老、下有小，又欠下一屁股债。有位朋友可怜他，便通过种种关系介绍到王有龄那儿做事。司马松这个人虽然聪明，但不懂人情交际，加之身受挫折太多，性情自然乖张，大家都看不起他，他颇有怀才不遇之感，加之自己的计策又不被王有龄重视，自然十分不高兴。

胡雪岩知道后，特地登门拜访，替他还账。临走又留下五百两银票，让他平时家用。

回来以后，胡雪岩把司马松的处境告诉王有龄，又让王夫人把自己的奴婢嫁给司马松。

司马松自然感激万分，第二天便登门道谢，胡雪岩便请他去平乱，司马松一口答应了。

胡雪岩没看错人，司马松果然厉害，舌战乱民，很快乱民被他说服了，各自散去。王有龄这下可高兴了，奏明朝廷。朝廷念司马松有功，便让他做了那个县城的县令。司马松在任上发挥自己的才干，治理有方，平定了民心，搞好了生产，一时间政通人和。

此时王有龄才意识到："司马松平时遭人白眼，却原来是一个难得的人才！"

胡雪岩并不认为"一个人别人说他不好，就一定不好"这句话是对的，证明了他常说的一句话"不遭人妒是庸才"。

3. 赶"节敬"

王有龄节节高升，身兼湖州府知府、乌程县知县、海运局坐办三职，四月底下的任官派令，身边左右人都对他说，要在五月一日接任。理由很简单：能赶上端午节"节敬"。

清代政治腐败，贿赂、红包、回扣之风盛行。由此生出了什么冬天的"炭敬"，夏天的"冰敬"，一年三节也有油水，称为"节敬"。浙江省本来就是江南膏腴之地，湖州府更是典型，各种孝敬自然多得数不清。王有龄四月下旬接到任令，所有人劝他赶快上路，赶在五月一日交接。如此一来，自然就有"节敬"。

王有龄于是去问胡雪岩如何做，胡雪岩却说："银子是挣不完的，但如果把朋友得罪了，就再也找不回来了！"他劝王有龄等到端午节之后，再去湖州府上任。

胡雪岩自有他的道理，王有龄的前任知府，在任那么长时间，也等着这"节敬"。王有龄在五月一日接任，得了这个"节敬"，也无可厚非。可是，这么一来，前任知府十分不高兴，虽然现在不说，以后自然会找麻烦。要是以后遭了难，让他们落井下石，那就是后悔也来不及了。

胡雪岩考虑长远，他深深明白，江湖上常说："你做初一，我做十五；你吃肉来我喝汤。"这意思是说，不能把好处都占光，也要替别人想想。前任既然已经要走了，你新官上任之际，就当送他个见面礼，让他再吃一顿"节敬"，既不会使自己受损，又送了个人情，何乐而不为呢！

王有龄在官场上如此顺利，连他自己都奇怪为什么运气如此之好，他对胡雪岩说："一年不到，我连兼三职。福兮祸所倚，我心里有些害怕呀！"还是胡雪岩大气，他对王有龄说："千万要沉住气，今天的结果是昨天的努力换来的。不要老看过去，要朝前看，现在不管如何都别放在心上，只要你心里清楚今天做了什么，该做什么就行了。"

四、雪岩赠妾

上一章我们谈到，胡雪岩把芸香小姐让给了王有龄。没过多久，胡雪岩在湖州府又看上了小寡妇芙蓉，并包下芙蓉，胡雪岩反正有钱有势，芙蓉自然愿意做胡雪岩的外室。这样，胡雪岩有了一大一小两个老婆。他并没有到此为止，到上海做生意之际，又把松江漕帮大哥尤五姘头"怡情老二"的姨娘阿巧姐弄到了手。

那阿巧姐也是个风尘女子，冰雪聪明，自然愿意跟着有钱有势的胡雪岩，二人是你情我愿一拍即合。胡雪岩还带着阿巧姐去苏州游玩。谁知道，正是这趟苏州之行，胡雪岩又不得不把"阿巧姐"让给别人。

为什么去苏州呢？原来官场上早有传言，浙江巡抚黄宗汉要调离了。这样的传言越传越烈，时间一长，大家都信了，这可把王有龄急坏了。因为，王有龄在黄宗汉手下，虽然黄宗汉贪婪，但早已被他打点好了，所以，王有龄任内各项亏空，都靠黄宗汉给遮着呢！

如今，黄宗汉即将调任，来一个毫无关系的人当浙江巡抚，王有龄肯定要遭殃。王有龄是胡雪岩在浙江官场上的靠山，他的亏空，多半也是胡雪岩做生意的结果。所以，无论如何都要想办法，让自己人来接任黄宗汉。

想了半天，他们想到江苏省学政（清代体制，学政掌管一省教育、科举，类似今天的教育厅长，但是，不归巡抚管辖，并且与巡抚平级）何桂清，他原来就是王有龄的旧友，现在又得意官场，和黄宗汉为同榜同年，当这个巡抚再适合不过。

但由于太平天国占领南京以后，何桂清只好离开省会镇江，暂时到苏州设府办事。所以，胡雪岩受王有龄之命，去苏州找何桂清，让他在朝廷上争取到这个位置。不巧的是胡雪岩一高兴带上了这个"阿巧姐"。

到了苏州之后，两人如胶似漆，舍不得分开。谁知道，何桂清亲自上门，正好和阿巧姐碰了个正着。这下可好，两人相见恨晚。胡雪岩自然看在眼里，虽然他极为中意阿巧姐，又花了不少钱，心里是极不愿意送给别人的。但是转念一想，这正是拉拢何桂清的时机。

再说，本来他和何桂清就不熟，就算他当了浙江巡抚，也不一定给自己什么好处。于是，胡雪岩一狠心，一不做二不休，既然两人都有意，何不做个好人，把阿巧姐送与那何桂清。

胡雪岩为了自己以后的生意，为了能找个大靠山，为了长远的利益，胡雪岩只能忍痛割爱。俗话说："舍不得孩子套不住狼。"胡雪岩是做得又狠又绝，拿得起，放得下。

胡雪岩能够广交达官贵人，也不只是靠送银子、溜须拍马，而是能够抓住不同的人不同的弱点，使用不同的方法，或献钱，或献美，或献策，给你最想要的东西。他说："送礼总要送人家求之不得的东西。"胡雪岩高就高在发现你求之若渴的东西，然后满足你。

有人爱钱，有人喜欢美女。胡雪岩认准这一点，即使是自己喜爱的也能舍得。

对于阿巧姐，胡雪岩一见她，便想与她相守一生。现在要忍痛割爱，实在是难为胡雪岩了。

最终，他退让一步，忍痛割爱，将阿巧姐让给了何桂清。何桂清见胡雪岩竟然把美人送给他，万分感动，立刻带上阿巧姐，上京为胡雪岩帮事，果然做上了浙江巡抚。从那之后，何桂清把胡雪岩视为兄弟，一直到死，都是胡雪岩生意上最有力的靠山。

第七章　乱世商雄

一、灭门之险

就在胡雪岩生意一天比一天好的时候，杭州被太平军占领了。这一时期，他经历了一次重大挫折，几乎让他家破人亡。

主要有这三个方面：

第一，胡雪岩的钱庄、当铺、胡庆余堂药店和家人都在杭州，这是他最大的基础，杭州一沦陷，等于他所有的生意都没法做了。不仅如此，他还得营救自己的妻儿老小。

第二，胡雪岩生意做得大，自然有人妒忌，顿时谣言四起，说他以杭州购米为名携公款逃往上海，更有人说他私吞了王有龄生前给他营运的私财。甚至有人谋划向朝廷告他骗走浙江购米公款，耽误军需，才使杭州为太平军所占。把胡雪岩推上了绝境，让他永远不能回杭州。

第三，即使不被朝廷治罪，想回杭州也是难上加难，没有了王有龄这个靠山，他的生意是做不好的。钱庄代理官库而出名，蚕丝销"洋庄"包括做军火都得靠官场。胡雪岩那个时代做生意，尤其是大生意，没有官场给你撑腰是不行的。

不过，就算如此困难，胡雪岩也没有惊慌。之所以如此，是他看到了好的一面：

其一，杭州城沦陷，许多人其实已经在帮太平军做事。他们之所以造谣生事，是不愿意胡雪岩回来，而太平军却想让他回来安定民心。他们造谣虽对自己不利，但仍可以利用一下。胡雪岩根据这一分析，想了两点：首先，他不回杭州，避免与这些人正面交锋，先把自己的想法和态度明朗化，他们自然就放心了；其次，胡雪岩不仅不回杭州，而且他还决定自己出面，上报闽浙总督衙门，把这些人说成是杭州城的内应，为接应官军的。将不利因素化为有利条件——表面上是给了这些人一个交情，实际上置他们于危险的境地，因为如果这些人一旦不利于胡雪岩，他可以随时向杭州城的太平军告密，说他们勾结官军，这些人又怎能逃过太平军的处罚。

其二，胡雪岩手里有一万石大米是在杭州沦陷前为杭州军购的。当初这一万石大米运往杭州时无法进城，只得转去赈济宁波的灾民，并约好杭州收复后以等量大米归还。胡雪岩决定一收复杭州，马上就送一万石大米过去，这样既赈济了杭州灾民，又能显出胡雪岩做事的信义，那些谣言自然不攻自破。

像胡雪岩这样在困难之中找出一线生机，正是其高明所在，这也说明了胡雪岩在乱世中求生存的本领是多么的大。

"动荡识忠臣，日久见人心。"意思是说，只有在朝代更替时，才能看出来谁是真正的忠臣。让人失望的是，几百年的中国现代史表明，只要是改朝换代，就有人变心变节。

咸丰年间，太平天国运动轰轰烈烈，把江南大部分地区都占领了，这其中便有杭州城。巡抚王有龄自尽殉职，"红顶商人"胡雪岩也逃往上海。胡雪岩虽然幸免于难，但他只身在上海，无时无刻不在思念着王有龄和家人，他十分担心王有龄与自己一家老小的安危。

太平天国占领杭州的消息传到上海，王有龄以身殉职，但胡雪岩一家老小，因为应对得好，逃到乡下，都平安无事。

有道是祸不单行，一波未平，一波又起。虽说胡家都平安无事，但杭州里所谓的"地方士绅"有些却成了太平军的走狗。他们在太平军面前告发胡雪岩，说他是个经商好手，人在上海，但家里人都在杭州，可以要挟他，也有人打算借机敲诈胡雪岩。

胡雪岩知道了这事，真是又气又急。急的是一家老小的安危；气的是这些所谓的"地方士绅"，平常看像是忠臣孝子，如今太平军只是占领了小小的杭州城，还没打过长江，这些人立刻叛变朝廷。

如果是一般人，为了一家老小，只能任由他们摆布。但是，这些家伙小看了胡雪岩，结果是偷鸡不成蚀把米，最后让胡雪岩给治住了。

胡雪岩的手法简单而高明，他以"浙江候补道兼团练局委员"的身份上书闽浙总督，说明原由。说他虽在杭州沦陷之前已逃往上海，但是，临走前早就做好内应：已经暗中与杭州城中士绅某某某、某某某说好，请该等士绅保护地方百姓，并且暗中布置，做官军的内应。这些人都是公正士绅，忠于朝廷，将来官军收复杭州之后，无论这些人为太平军做过什么事，都请朝廷原谅和重用。

在胡雪岩的努力下，闽浙总督很快批示了公文，胡雪岩拿到副本以后，便请人将公文副本带到杭州，交给"地方士绅"。这封公文要了个两面手法，高明之极：一方面，让这些所谓的"地方士绅"知道，胡雪岩为他们在朝廷方面说尽了好话，将来他们收复杭州后尽可放心全家安全；另一方面，警告他们不要难为胡家老小，否则的话，胡雪岩只要把这封公文的副本送给太平军，让他们背个勾结官兵的罪名，就是要遭受灭门之灾的呀。

有此妙计良策，公文副本托人送到杭州之后，那些"地方士绅"自然不敢难为胡家老小，没过多久，胡家老小就被平安地送到上海，一家团聚了。

二、洞房奇闻

胡雪岩小的时候家境也不错，但因他祖父爱上大烟，几年下来把良田家财房屋卖得一干二净，搬家搬了很多次，最后只能住在祠堂边族人的公房里，全族人都拿他们当笑话。胡雪岩的父母每天都为生活忙碌，没有时间照顾他。小雪岩刚学会走路，便摇晃着出去玩。他经常到邻居孙家，找他家的小女儿玩耍。小雪岩一天天长大，才知道他们家以卖葫芦糖为生，孙家小女儿叫孙幺妹，比他小几个月，是他的好朋友，贫穷人家的孩子都彼此关心爱护。胡雪岩和孙幺妹每天都在一起，白天一起拾柴火、玩过家家的游戏，夜晚并膝听讲故事、数星星。有一次胡雪岩一夜都没回来，家人到处找他们，到了天明，才发现他们睡在稻草堆里。俩人真可以说是两小无猜，青梅竹马。

但这样的生活没过多久。为了生计，胡雪岩在 10 岁时，叔父便带他去杭州谋生，从此与孙幺妹分开再也没联系过。

十年后，胡雪岩做了老板有了钱。有一天，他和众朋友到杏花村酒店饮酒，见到一个叫黄姑的女子在酒店里唱曲，举手投足之间像极了孙幺妹。他回想小时候自己砍柴受伤，孙幺妹给他吹伤口；两人在火堆旁烧山羊，互相推让；有狗追他们，自己挺身而出护卫孙幺妹。往事历历在目，捐了候补道台的胡雪岩想起这些往事真是百感交集。他在社会上混了这么多年，早把人世间的情感看透，这时觉得童年时光的美好，只有孩子的心是最真实的。

这让胡雪岩有一股莫名的冲动，要设法私会黄姑。

众人喝完酒，听完曲子，赏了黄姑几个钱就打算走了。胡雪岩付了账，也和大家一起走。才走了一小会儿，胡雪岩借口褡裢丢在了酒店里，和他的小厮又折了回去。

黄姑还没走，见胡雪岩返回，十分奇怪，胡雪岩颤声道："孙幺妹，还记得我们在山洞里烧芋头吗？"

黄姑愣住了，小时的事立刻浮现在脑海，她蓦然醒悟："你是胡雪岩？"与儿时的伙伴相识，黄姑泪水涟涟、泣不成声，把自己的遭遇都说给他听。孙幺妹 10 岁时，偏偏遇到一场瘟疫，父母均病亡，一家姓黄的收养了她，所以她现在姓黄。黄家系江胡艺人，以卖艺为生。黄姑学唱旦角，也混出了点名声，在安庆班成了重要的角儿。

黄姑带胡雪岩去后院看养父，养父得了重病，整日躺在床上，已经瘦得不成样子。胡雪岩忙掏出 10 两银子，让他看大夫。一连几日，胡雪岩都在为他们忙乎，为他们赁下院宅，还请了用人。又和杭州城的戏班"三元班"老板谈妥，让黄姑去那儿唱。做完这些，胡雪岩心里很舒服，仿佛还了欠下很久的感情债。他对乡邻感情很好，凡有家乡来的故人，不管他是穷是富，都好生招待，致送馈赠。而黄姑既是自己的乡亲又是儿时的好友，对她更有一种别样的情感。

由于胡雪岩的关照，黄姑生活好了起来，也不再伤心忧郁了，平添几分颜色。胡雪岩每次来看她，她都打扮得十分漂亮。渐渐地，胡雪岩来看她的次数越来越频繁，这当然不单是乡亲情分，更有喜爱她的意思。胡雪岩本来就十分好色，经常寻花问柳，黄姑也是个十七八岁的妙龄少女，对胡雪岩百依百顺，让他很是开心，两人日久生情。因他们是青梅竹马，胡雪岩并不想那么随便，他对黄姑是认真的，他希望还是儿时的纯真的情感，然后明媒正娶、顺理成章结成夫妻，这才对得起她。在生意场上久了，互相欺骗、互相利用，胡雪岩特别希望得到真情来抚慰自己的心灵。

胡雪岩花了很多钱，替黄姑的养父买到衙门的一个差事，这样，黄姑的身份提高了，也成了官家的千金小姐。黄姑体谅到胡雪岩的良苦用心，感动万分，早把胡雪岩看作自己的夫君，对他关爱倍加。

但又有一件意想不到的事发生了。一大早，王有龄便差人送来一份官报，上面说：江南大营被太平军攻破，逼近上海，苏南30余州县都被太平军占领。胡雪岩这下可吓坏了，阜康有一个分号在苏南的高邮，进出数十万两银子，若给太平军没收了，可是很大的一笔损失。胡雪岩忧心如焚，立刻去询问那儿的情况。分号的档手叫田世春，从前在信和当小伙计，十分机警，是个会做生意的人。一打仗，乱军打劫钱庄最多，阜康这家分号恐怕是保不住了，胡雪岩饭吃不香，觉睡不稳，密切注视苏南方面情况。

到了第八天夜晚，阜康门外传来一阵急促的敲门声。伙计打开门，一个满身是血的人滚进门倒在地上，把伙计吓了一跳，所有人都出来了。大家点灯一照，不是那田世春又是谁。胡雪岩闻讯赶来，急忙叫人扶田世春上床躺着，灌了一碗参汤，田世春慢慢转醒过来。

这田世春果然机灵，他不单埋头做生意，还注视着社会状况和局势。早在太平军大败湘军回到安庆后，他想太平军一定会趁兵强马壮时打下江南。于是田世春便只做短期生意，见好就收，尽量把账都收回来，应付突变。太平军对江南大营一开战，田世春已将钱庄存银40万，雇了几辆马车向杭州启运，以免遭灾。但马车还是慢，毕竟比不上太平军的战马。不巧，一天运银的马车与太平军马碰了个正面，是太平军的前哨军。田世春见马队只有10来个士兵，一不做二不休，叫伙计们操刀备家伙，跟太平军拼了。

太平军虽然征战有素，但毕竟人少，又没想到这些人敢奋力反抗，一时也慌了。田世春本来就会武艺，便拼命奋战，虽受伤十几处，一身是血，也不胆怯。伙计们见档手如此，也都豁了出去。这下可把太平军吓坏了，也不敢抢银子，四散而去。钱庄的银子得以保全。

"田世春，你以命护银实在是了不起。"胡雪岩激动万分，一个劲地夸田世春，像田世春这样忠诚之人实在是难找啊！自然要对他大大赏赐。但光给他银子，好像并不足以奖赏他，要收买田世春，还要别的什么。胡雪岩为了赏田世春，下了一个让人想不到的决定。他知道自己的事业需要大发展，田世春这样的人自然少不了，所以要让他死心塌地地相信自己，全心全意为自己干活。

田世春原本是个父母双亡的孤儿，现在还是单身一个的毛头小子，如果能帮他张罗一门婚事，让他成家立业，他自然会感恩戴德，把胡雪岩当成自己的再生父母。胡雪岩想起这点，也不由得意起来，为他找一个貌美的女子，成家立业，这样做，比送他再多的钱都强。

胡雪岩前思后想，杭州城里有没有既有家世又貌美的姑娘。想了半天，就是没找到一个合适的。要给田世春找的女人，不单有才有貌，更重要的是要和胡雪岩有关系，听胡雪岩的话，又要能管住田世春。花街柳巷有几个风尘女子，虽然胡雪岩都享用过，又是他的干女儿，但这些女子没身份、没地位，反而有辱田世春。一定要是个黄花闺女，田世春又很喜欢，才能达到自己的目的。

冥思苦想，忽然想到一个人，把他自己都吓了一跳。理智告诉他，把黄姑嫁给田世春最好不过。但这样做，胡雪岩有一种负罪感，他对黄姑感情深，黄姑是他最爱的人。生意人讲交易，可也不能拿自己的感情做买卖！胡雪岩作为一个商人，不由自主地盘算起这桩交易的好处与坏处，尽管是极不情愿，但人生总是有很多无奈，在利益的驱使下，什么都干得出来。

黄姑是自己的同乡，在胡雪岩心里，家乡的人和事都是最好的。黄姑对自己一往情深，这是什么都换不来的情谊，少女的痴情是他一生幸福最忠实的保证。黄姑和自己的关系世人皆知，而一旦把她嫁给田世春，他更会感激涕零。更加重要的是，主人能把初恋的女人毫不犹豫地转让给伙计，可见对他是多么的信任。

胡雪岩也不知自己为什么这么高尚，他庆幸自己没有轻率地占有黄姑，因而可以把一个处女送给田世春。但自己又何尝不心痛呢！白白把一个可以让男人神魂颠倒的尤物送人。但这种遗憾只几分钟便被男子汉大丈夫固有的骄傲代替了：女人像衣服，说换就换，天下漂亮的女人多得是，有了钱，再好的女人也能到手。人生便是一场交易，没有别的，只有输赢。胡雪岩主意打定，他是个精明的商人，把黄姑的情义当成交易的筹码，忘掉这份感情。

后来，胡雪岩私下和黄姑的养父商量，许以重金，要把黄姑嫁给田世春。养父见胡雪岩主意已定，又觉得田世春也不错，便瞒了黄姑，一口答应下来。按照杭州人嫁女的规矩，胡雪岩差媒人前去黄家下聘，黄姑从此只能待在家中，等候成亲日子到来。可怜的黄姑还满怀喜悦之情，以为是胡雪岩要娶她为妻。

迎亲的日子到了，黄姑头顶红帕，离开娘家，坐上花轿，被夫家娶去。朦胧中她看到胡雪岩的身影在自己面前晃动，心中更是高兴。进夫家，拜天地，拜祖宗，夫妻对拜，一切行礼如仪，黄姑一直都被蒙在鼓里，进了洞房，独自一人坐在婚床上，听着门外喧哗的人声，只希望这宴席早些结束，和他夫君入洞房。

一直到午夜，洞房门开，田世春喝得大醉，被人拥入洞房，房门一关，就只剩下新娘和新郎了。田世春听人说过新娘貌美如花，顾不得去揭红帕，抱着她亲个不停。黄姑也等不急了，任他为所欲为，身子早倒在他身上。田世春借着酒劲，色心萌动，一番云雨之后，才知道黄姑是个处女。田世春更是对胡雪岩感激万分，心想老板把女人送给他，这是对他最大的信任。

黄姑后来发现自己的夫君竟不是胡雪岩而是田世春后，自然是又哭又闹，但事已至此，一切都无可挽回。

这事过去很长时间，王有龄得知后，他大为惊叹，还不断地夸赞："雪岩老弟真是有远见，把自己的爱人让给别人，实在是令人佩服啊！"

田世春从此死心塌地为胡雪岩效命，忠心不二，把胡雪岩看作父母，直至胡雪岩破产，也从未变心。

胡雪岩把女人和感情当成交易的筹码，达到一己之目的，确实让人不敢恭维，但他就是借此，才获得众多人的信任以及更多的利益。

胡雪岩薄情对黄姑，寻常人只怕做不到。从最初的真情，到说断就断，实在是心狠啊！这正印证了一句老话"商人重利轻别离"。

三、乱世取财

1. 贩卖军火

胡雪岩做为一个精明的商人，他把市场变化的趋势把握得很准，并善于利用这些条件来办成生意。因此他总是在任何时候和地点都能抓住赚钱的机会。

一次，他到上海销"洋庄"，空闲的时候在上海的"长三堂子"吃了一顿"花酒"，碰到了他后来最信任的朋友古应春，两人交谈一番，胡雪岩从中又抓住了一次商机。

古应春当时正做洋行通事，清朝时叫"康白度"，也叫"康白脱"。中国开办洋务之初，通事扮演着十分重要的角色。他们表面上主要是充当外事翻译，但由于这一角色在当时十分特别，同外商交易时，他们其实还负责为买卖双方牵线搭桥，与后来买办的性质相同。"康白度"或"康白脱"也就是英语 comprador 的音译。有趣的是，咸丰、同治年间也有记载，有的人把它译作"糠摆渡"，还做了中文解释，称买办介于华人和外商之间促成买卖，把他们比作用糠片来摆渡。这种解释说明了华人、外商同买办之间的关系，也暗含讥讽。不过尽管如此，也算猜对了几分，基本上道出了买办的职事性质。

胡雪岩要和洋人做生意，认识这些要紧的人物是十分必要的。胡雪岩来到上海，托人与古应春相识。上海的应酬主要是吃花酒，于是胡雪岩托尤五请来古应春在怡情院吃起花酒。酒席上，古应春谈起他自己参与的洋人与中国人的一桩军火交易。有一次，洋人开了两艘兵轮到下关，来卖他们的军火，眼看价钱谈妥就要成交了，却半路里杀出个"程咬金"，直接与洋人接头，说是太平军钱更多，给的价钱高，而且急需军火，洋人一听马上变卦，把价格翻了一番。买方急着要，只好按他们说的办，白白让洋人占了大便宜。

古应春说这个，是因为他对中国人内部互相拆台的做法很不满，让洋人钻空子占便宜。但经他这么一说，也引起了胡雪岩对军火生意的兴趣。在胡雪岩看来，形势和时局十分有利于做军火生意，而且一定可以赚钱。第一，小刀会在上海很猖獗，两江总督和江苏巡抚都对此毫无办法，正准备让朝廷派兵来剿。兵马未动，军火武器一定要充足，官兵一到，自然用得到。胡雪岩打听到江苏巡抚是杭州人，他自然可以买通江苏巡抚。第二，此时太平军也正沿着长江一线向江、浙进发，浙江为保住城池，也加紧团练，也就是组织地方武装，当然也需要军火，借王有龄在浙江官场的势力，吃掉一批军火不在话下。反正洋人无非是做生意赚钱，这军火卖给太平军和卖给官军都一样。

胡雪岩探知太平军从上海购买的军火由青帮护送。由于战争不断，买卖军火当然赚大钱，更有大笔的回扣。胡雪岩早就想做军火生意，苦于无处着手，有了这个信息，正好抢先下手，在老虎嘴边抢食，把这笔生意抢到手。若是平常人，谁有这么大胆子。但胡雪岩十分干脆，下了狠心要干成这笔生意。想罢，事不宜迟，他立即通知王有龄。王有龄听他述说，高兴地说道："真是无巧不成书，刚才抚台黄大人召见我，想从海运局提一笔钱购买500条毛瑟枪，主要是给绿营兵补充装备，我正找合适的人，你既然有意向，可应承下来。"

胡雪岩粗略一算，每支毛瑟枪约50两银子，500支需2.5万两银子，每支回扣一分多，最少也有3000两银子，当然是笔赚钱的生意。他连忙请王有龄提3万两官银的银票，作为上海之行的费用。然后收拾行装，搭了个小火轮，急匆匆连夜奔赴上海。他深知商场如战场，决不能浪费时间以致失去商机。胡雪岩算定太平军购军火不会那么顺利，洋商必定讨价还价，拖上几天，把太平军逼到没有办法的地步，以高价卖出。从高老三口中，胡雪岩得知太平军欲购500支枪，数量不少，洋商不可能有现货，还要花一个月的时间从国外运来。故而胡雪岩满怀信心，他知道这笔生意一定能成功。

几天后，胡雪岩到了上海，也去拜见了上海青帮老大廖化生，说明了自己的来意。廖化生笑着说道："生意自然是谁先抢到谁先做，凭胡先生的才能，必定马到成功。"胡雪岩谦虚道："我一个人势单力薄，难上加难，还要老哥你大力协助，事成有你三分利润。"廖化生自然高兴，没想到胡雪岩能这样大方，道："有需要我办的，胡兄你尽管吩咐。"

于是胡雪岩求他找一个懂行的人来帮他。廖化生沉思片刻，说："眼下有一位弟兄，是洋行的通司，外国话说得好，又懂得洋商，就叫他帮助你如何？"

胡雪岩道："再好不过，再好不过！"

不一会儿，一位弟兄带进一个戴墨镜穿洋装的青年，但偏偏拖一条长辫，显得不伦不类，不中不西，十分滑稽。廖化生介绍到，此人名欧阳尚云，一直在洋行做事，懂法兰西语和英吉利语，上海的洋商都相信他。欧阳尚云操着一口半生不熟的官话，告诉胡雪岩说："因从小就在洋行当小厮，洋话说得多，时间一长，中国话说得倒不好了。"胡雪岩见他反应灵敏，聪明伶俐，心里想一定要好好对他，将来同洋商做生意，可全靠他呢。

欧阳尚云果然是洋商的老手，问起洋商底细如数家珍，了如指掌。胡雪岩听他一说，才知太平军向英商麦得利索购 500 支枪，但一时没有那么多货，麦得利向英国国内拍电报催运，下月初能交货。胡雪岩算算还差 20 多天，不禁暗暗叫喜，20 天用来周旋，时间一定够了。商场有一个不成文的规矩，只要没交货，协议并不算数，签约毁约是常见的事。胡雪岩久经商战，自然有把握说服洋商和太平军毁约。

想好以后，胡雪岩叫欧阳尚云同麦得利联系，要当面和他谈。

第二天，欧阳尚云陪同胡雪岩到一家洋酒馆见麦得利。一路上，欧阳尚云把洋人的礼节、规矩和习惯都说给胡雪岩听，说话之间就到了洋酒馆门口。这时，麦得利快步出门厅迎接。他身材瘦长，看起像电线杆，长着鹰嘴鼻。麦得利爽朗大笑，把胡雪岩紧紧抱在怀里，强烈的口臭使胡雪岩头晕目眩。进了酒馆，胡雪岩在餐桌旁就坐，同麦得利开门见山地谈起那笔军火交易。麦得利却不同意，说不能失信于人。胡雪岩说："你是和一群反朝廷的乱党签的约。"麦得利却争辩说自己在商言商，才不论是什么样的人。胡雪岩反问对方："不知你知不知道《五口通商条约》，那是外国政府同清廷签订的，正是为了保护外商在华的利益，如今你们同乱党做生意，不正是和中国政府做对，还想受保护吗？"

一句话果然说到了他的痛处，麦得利无话可说。胡雪岩抓住要害，进一步说，如果要让清政府知道了，截了军火，那时他不单血本无归，政府还要追究他的责任，是好是坏他心里最清楚。麦得利苦笑着，耸耸肩膀，两手一摊，表示没办法。他还说，现在军火已经运来上海，若毁约，损失就更大了。胡雪岩告诉他，自己可以代表浙江地方当局买下这批军火，以高价买进。麦得利双眼一亮，连忙答应，但只说可以考虑。胡雪岩盯住他说，不是考虑，而是必须，否则他要尽全力破坏麦得利的生意。

麦得利半信半疑，转向欧阳尚云，询问他胡雪岩在中国官场上有多大的能力。欧阳尚云夸张地说，中国有句老话，叫作"有钱能使鬼推磨"，胡雪岩的钱多的是，足可以买下浙江半个省的地皮，也就是能买英伦三岛其一。麦得利十分震惊，连连夸奖，金钱的力量立刻降伏了他，麦得利知道和胡雪岩做买卖比和太平军打交道好处多。

没费多大力气，麦得利同意了胡雪岩的要求，同胡雪岩商谈起购买枪支的具体事宜。胡雪岩把每支毛瑟枪提高一两银子，麦得利喜不自禁，斟满一杯洋酒，同胡雪岩碰杯，共贺合作成功。胡雪岩从中轻松地获利5000多两银子。

2. 开办典当

做生意或投资能不能成功，换句话说，能不能最终经营成自己的一道财源，要做到看得准、做得对，这实在是很不容易。重要的是，不仅要有全局的判断能力，还要有长远准确独到的眼光，能够看出局势发展的趋势，并知道如何"照这个方向去做"，才能最终获得成功。

胡雪岩正是如此。

漕帮尤五的妹妹，也就是古应春的夫人七姑奶奶，此人是个"巾帼英雄"。她曾这样称赞过胡雪岩："小爷叔的眼光，才真叫眼光，看到了大乱以后了。"这位眼光极高的女中豪杰如此盛赞和佩服胡雪岩，是因为胡雪岩成功地做成销洋庄的生丝生意后，立即转移投资方向，开始投资两桩无论战时还是战后，都必能获得巨大利润的事业。

首先是典当业。

胡雪岩想到投资典当业，因为他对那时的众多生意行当十分了解。多灾、多战、多饥荒年代，城里的人，不要说那些入不敷出的穷家小户，即使有些家底的人家，也会不时出现困难，紧要关头，只好借典当来渡过难关，所以典当业十分发达。以胡雪岩开阔的眼界，自然早就注意到。事实上，胡雪岩早就想开一个自己的当铺。

不过，在和朱福年交谈后，才使他下决心，要开发典当业这道财源。朱福年是庞二开在上海丝行的"档手"，胡雪岩在联合庞二销洋庄的时候拉拢他成了自己人。这朱福年祖上原是徽州的。中国历史上，做"朝奉"的也就是典当业的管家，都出自徽州。朱福年的一个叔叔就是朝奉，他对典当业当然熟知。朱福年对胡雪岩讲了典当业的运作方式和行规方面的许多知识，胡雪岩这才知道典当业如此之好，就连朱福年也经常后悔自己干丝行的生意而没干成典当业。做典当行业最大的不同就在于它是三百六十行中最舒服的一行。

朱福年的介绍，坚定了胡雪岩投资典当业的想法，他让朱福年帮他张罗些这方面的人才，而自己一回杭州，就着手在杭州开了自己的第一家当铺——"公济典"。

开典当亦需要本钱。胡雪岩开典当行所动用的资金，也是"借鸡生蛋"。

第一笔生丝生意成功以后，胡雪岩立即着手要开药店、典当，但本钱还没有解决。第一笔生丝生意做下来，表面上赚了十八万，但一算账，该付的付出去之后，不但没赚钱，还欠3万两银子。在没有资金的情况下，又要开药店、开典当行，实在是令人佩服。尤五、古应春也说，现在的钱庄、生丝的生意都需要大笔的资金，你哪还有钱做别的生意？

胡雪岩有他的想法。胡雪岩的打算，是凭他的信誉、本领，用人际关系来办事。阜康的进一步发展，最好的生意伙伴庞二支持他做生丝生意，大家投资入股。药店由官府撑腰，而典当业也是一样，他打的是苏州潘叔雅那班富家公子的主意。

胡雪岩的想法就是要用苏州那班富家公子的钱来办典当行。胡雪岩销洋庄，为求当时派任苏州学台何桂清的帮助，到苏州办完阿巧姐的事，认识了许多苏州的富家子弟，如：潘叔雅、吴季重、陆芝香等人。由于太平天国正与苏、浙开战，苏州十分危险，一方面官军打仗，表面上是为了保护老百姓，实际上却是更大的骚扰；另一方面太平军也加紧进攻，许多富家子弟早就想逃到上海去避一避。这些富家公子在苏州的房屋、田产虽不能带走，但他们却有大量的现银。他们知道胡雪岩是钱庄老板，想让胡雪岩的钱庄把他们的钱带到上海。这笔现银一共有二十多万两。

胡雪岩立即为这些富家子弟筹划了一个用钱的方案，他建议将这些银钱存入钱庄，一半作长期存款，吃利息；一半作活期存款，做生意。存款的钱庄以及生意的筹划，由他来负责，也就是说只动息不动本，要把钱用得长远。这样一来，资金的问题解决了。

胡雪岩的计划就是要用这二十多万做本钱开典当行。就当时来说，五万就能开一家中档当铺，有这二十多万，当然能开许多家！于是，胡雪岩的典当业自然就开张了。

胡雪岩曾说他自己就知道"铜钱眼里翻跟斗"，利用别人来帮助自己，这大约也应该算作是这"跟斗"的一种"翻"法。说到底，面对不同的现实和状况，灵活选择自己的对策，抓住机遇，开拓事业。没过几年，他的当铺就发展到二十三家，杭州、江苏、湖北、湖南等华中、华东的大部分省份都有他的当铺。

胡雪岩开办典当业，当然不是因为它是个舒服的行当。胡雪岩认为"钱庄是有钱人的当铺，当铺是穷人的钱庄"，他的目的就是帮穷人解决困难。事实上，虽是这样说，账一算就知道典当赚不赚钱，胡雪岩虽然说自己开当铺不是完全为了赚钱，但钱赚的当然不少。

"架本"就是当铺的资本，按惯例以铺数计算。一千文准银一两，一万千文就是一万两银子。一般的典当业，架本五万千文到二十万千文不等。胡雪岩在各地开的当铺，规模不等，平均以十万千文计算，二十三家当铺就有二十三万两的架本，而如果以"架货"折价，架本又要翻一番，至少也是四十五万。四十五万架本若一月进行一次周转，生息有一分钱，一个月就可以净赚四万五千两银子，一年就有五十四万。而当铺架本周转一次，利息一定要高于一分的，所以利润更大。就连古应春在算了这笔账之后也对胡雪岩说："小爷叔叫我光是经营这二十三家典当行好了。"而胡雪岩自己也明白，他能将典当业打点好了，财源自会滚滚而来。

如此算来，典当业其实也是胡雪岩为自己找到的一条新的、赚大钱的生意。难怪那位眼光极高的七姑奶奶会称赞胡雪岩。

3. 贩运粮食

做成了销洋庄的生丝生意，在筹划投资典当业、药店的同时，胡雪岩还想到另一项关系国计民生的大事业，他准备利用漕帮的人力和势力以及他们现有的船只，搞公私货运，还把松江漕帮的上海通裕米行当成基地，大规模贩运粮食。胡雪岩要在水路货运和买卖粮食方面大干一番。

从历史上看，我们就可以知道，上海之所以逐渐变为中国近代最大的贸易口岸，海运、河运的发展是其重要的基础。当年中国商办公司与洋商之间第一次最大规模的"斗法"，就是中国"官督商办"的轮船招商局和英国怡和、太古轮船公司、美国旗昌轮船公司之间为争夺水运利润而展开的。我们就可以由此想见投资水路货运有多大的潜在利润。

不谈这个，胡雪岩仅在大规模贩运粮食上做的生意，便是一笔巨大的利润。这桩生意之所以有利可图，是因为此时已经有三个和时局相关的条件：

其一，时值太平军沿长江一线大举进攻东南，战乱之中，粮田被毁，粮食紧缺，越是战乱米价越高。贩运粮食必然大有利润。

其二，兵荒马乱，战事迫近，哪有时间收割稻熟？而且收割之后又没有及时运出，白白糟蹋。漕帮又有人力又有水路势力，此时组织起来贩运粮食，天时、地利、人和都有了，做好了自然是"独此一门"，无人有能力竞争。

其三，清军与太平军打仗。常言道"兵马未动，粮草先行"，粮食是两方战争中获胜的重要法码。两方在一地而争，如果抢运出粮食，切断太平军的粮饷，进出之间关系极大，必然会得到官军的支持，粮食贩运自然是好办多了。

有如此三个条件，这自然是有巨大利润的生意。

遇到战乱，一般商人更多想保本，不敢把生意做大。而胡雪岩大胆发展，并且总能在战乱之中开出一条条财源。胡雪岩能不断寻找财源，大胆投资，的确让人钦佩。

4. 融资逆产

他曾说："商人为了利益，只要赚钱，刀头上的血也敢舔。"他能在危险之处求得商机，不怕风险，当机立断。在这方面有许多例子。

太平天国运动失败以后，胡雪岩冒着天大的风险，让他的钱庄接受战败的太平天国将士的存款来进行融资。

胡雪岩做这样的决定，自然有他自己周密的想法，首先这不失为一个好办法。太平军以前占领江南这么多年，他们中的许多人用各种方法搜罗了不少财产。如今太平军眼看就要失败，他们中的好些人已经开始考虑逃难的事情。对于太平军兵将来说，想保住财产是十分困难的，而他们只要保住财产，逃过这一难，天下太平以后就等着过好日子。最保险的方法就是将存款存到钱庄去。

然而，接受他们的存款，风险也很大，有两个方面：

第一，按朝廷律例，太平军是叛军，他们的私产是"逆财""逆产"，是决不能代其隐匿。接受逆产，私为隐匿，一旦被朝廷发现，就是帮"逆"助"贼"的罪名，与他们同罪。胡雪岩刚刚经营起来的钱庄生意与社会地位自然保不住。

第二，太平军逃亡兵将的财产既是"逆财""逆产"，当然要抄收充公，不管寄放在何处，照例也要追查。接受这些人的存款，被官府知道，更要如实上报。虽然官军中也有贪官赃官，自己搜刮太平军兵将可以逃免官府追查，但尽管如此，总免不了有正直的人要查个彻底。这样，一旦查出，不但要治你的罪，还要没收存款。按钱庄的规矩，事后有人再来取钱，钱庄也必得照付，如此一来，钱庄是"赔了夫人又折兵"。

如此看来，接受太平军逃亡兵将的存款，也确实是冒着杀头的危险。但是风险越大，利润越高，因为这样的存款不必计付利息，实际上是白拿别人的钱来赚自己的钱。因此胡雪岩决定冒一次险。

结果证明胡雪岩是对的。这笔太平军的存款大大地补充了钱庄的实力，使得胡雪岩的事业蒸蒸日上。

"敢于刀头上舔血"，这确实是一个做大生意的商人必备的素质。其实很简单，没有风险的生意人人会做，只有一点点利润大家平分，要超过同行实在是难，弄得好了，保个本，混口饭吃，用胡雪岩的话说，"要想出头就要敢冒风险"。从某种意义上说，所有高利润的生意，都会包含有风险的成分，比如说胡雪岩要学山西票号借款给那些调补升迁的官员，看上去是不费什么力气，而实际上仍然担着风险，那些新官上任，若是出了事，病死丢官的话，借出去的钱就等于打了水漂了。

他常说："做什么事都要给自己留条后路。出事之后，也要在面子上说过去。……我们不论做什么生意，都是这个宗旨，万一失手，也好说话。这样子，别人能放过你，就还有机会再来，不至于被彻底打倒！"

比如钱庄生意赚钱的主要方式就是兑进兑出。吸收存款作资金是兑进，发放贷款叫兑出。兑出是赚借贷人的利息，利息越高赚得越多。兑进则要付利息，自然是越低越好，没有利息就更好了。表面看来这种生意只要抓住机会，利用银价的涨跌来调节兑进兑出的利率，自然有赚无赔。这种稳妥、不冒风险的方式自然可以，但终归不是什么赚大钱的方法。而要做出"大手笔"，兑进兑出自然要冒大风险。

先看兑出，放出的利息高的贷款给大主顾。大主顾生意大有巨大利润，自然不会在意利息高低，向这样的主顾放款，当然利大。但反过来说，生意越大，风险越大，款放给他们，自然有高风险。万一对方做生意失败，血本无归，有可能不能收回放款，这笔款就是放"倒"了。比如太平天国战争时期，米商借款贩运粮食，利润丰厚。但也有很大的风险，放款给他们就不能不慎重考虑。

再看兑进，最好是储户不要利息来存款。比如太平天国失败之际，接受太平军逃亡兵将隐匿私财的存款。太平军一失败，朝廷自然要追捕"逆贼"，进而抄收家产。追查"逆产"到钱庄，把钱都没收不说，还有可能给你个"造反"的罪名，如果被抓的太平军日后放了出来，来钱庄要取钱，按规矩钱庄必须照付，钱庄就只能是竹篮打水一场空，吃了"倒账"。

看来兑进兑出都有风险，自然要找好退路。向在兵荒马乱年月贩运粮食的米商放款，胡雪岩事先确定了一个原则，先问明白，他的米要运往何处。运到朝廷的领地，可以放款给他，但要是运到有太平军的地方，这笔生意就不能做。这就是为自己留下退路。因为放款让对方运米到官军占领的地方，即使放倒了款，别人可以原谅，不至于把名声都丢了，有从头开始的机会；而如果放款让对方将米运到有太平军的地方，万一放倒，别人会说你和朝廷作对，帮着太平军，亏了钱也是自找的，那就是自己堵死自己的后路。那胡雪岩为什么接受太平军逃亡士兵的存款呢？做这生意时，他早给自己留好了后路，那就是万一官府追查，自己也有办法应付，"我并不知道来存钱的人是太平军，他隐藏自己的身份"。这样至少可以为自己开脱，不至于被扣上罪名。

5. 代营赃款

胡雪岩代营权贵赃款，提高自己的名气，轻车熟路地的玩起了借"东风"的策略。

胡雪岩精明狡猾，他早就想过：与其让贪墨之吏勒索，还不如主动地送上门，这样还可算个人情，到时候当官的自然明白，在他做生意时能通融，给个方便。把这些人的赃款都吸收过来，代办营运，再把赚的钱送给他们，这可是胡雪岩的高招。

太平天国战争时期，胡雪岩就接受清军官兵的存款，也就是他们抢掠的不义之财，如费行简《近代名人小传》，曾记载胡雪岩和他资助的一位湘军营官的对话，湘军营官说："今我有资十万，皆得自贼（统治者对农民起义军的诬称）中者，固不足告外人。"这笔钱胡雪岩拿他开了钱肆。随着战争不断深入，"诸将既得贼中货多，而克城皆置局榷税，饷入亦丰，莫不储之光墉所。"直到陕甘回、捻被左宗棠镇压时，"肆中湘人存资过千万"。后来，全国各地都有胡雪岩的钱庄，各省大吏、京城显贵都到他那里存私款，连声名显赫、贵为皇亲国戚的恭亲王奕䜣（1833—1898 年）也不例外。还有文煜，祖籍是满州正蓝旗，由官学生授太常寺库使、累迁刑部郎中，历任直隶霸昌道、四川按察使、江苏布政使、直隶布政使、山东巡抚、直隶总督、福州将军、署闽浙总督。光绪三年（1877 年）升为刑部尚书。光绪七年（1881年）升为协办大学士，官位显赫，相当于副宰相，他与奕䜣还是儿女亲家（文煜的女儿是奕䜣长子载澂的嫡福晋）。他做了这么多年官，自然有不少的不义之财，在阜康银号中存银就有70万两。此外，福州布政使沈保靖在阜康的存款有38万两。

胡雪岩接受达官贵人的存款，成为他们赃款的中转站，还给他们丰厚的利息，而胡雪岩自己也通过与这些特殊储户的交往，取得了官场上的支持，不但将自己的名声提高了，还扩大了钱庄的影响。

第八章 洋场显胜

一、投靠左氏

胡雪岩在官场上有王有龄撑腰生意越做越大，并且十分顺利。然而天有不测风云，人有旦夕祸福。同治元年（1862年），杭州被太平军包围，王有龄奋勇抵抗，被围两个月，到了弹尽粮尽的地步。胡雪岩被派出去买粮，但粮食无法运进杭州城。王有龄眼见城门失守，只好上吊自杀。胡雪岩闻讯，悲痛之极，胡氏之生意，全靠王有龄，尤其是兵荒马乱的年代，没有一个可以信任的靠山，是什么也干不成的！如今王有龄一死，自己没了靠山，当然伤心。

此时的胡雪岩，向"官商"的方向发展。王氏既去，但他在官场不能没有后台。开始他原来想让杭州藩司蒋益澧做自己的靠山。但他与蒋益澧交往了几次后，觉得这个人过于谨慎，又缺乏远见，对官场上的事情也不了解，不能成为强有力的靠山。为了寻找得力的靠山，他看上了闽浙总督左宗棠。

此时左宗棠正心烦呢。杭州连年战争，饿殍满地，田地荒芜，有的地区是"白骨露于野，千里无鸡鸣"。同太平军作战的几万人马的粮草还没解决。

左宗棠正在考虑此事之时，手下人报，浙江富商胡雪岩来见。左宗棠乃传统的官僚，总认为商人奸诈。起初，由于杭州被太平军占领期间的谣言，左宗棠早对他有所耳闻，也早有戒备，还收到许多告胡雪岩的禀帖，还准备严办他呢。

而且他又听说胡雪岩不顾王有龄携粮款逃往上海，本来就不想见他，无奈蒋益澧的面子，让胡雪岩等了半天，才召见了他。

胡雪岩一进去，就感觉不对，心里暗自说一定要小心谨慎。胡雪岩提起精神，撩起衣襟，跪地向左宗棠说道："浙江候补道胡雪岩参见大人！"左宗棠却当没听见，仍睁大眼睛。一会儿，左宗棠转动双眼，放出冷冷的光芒，这才细细打量胡雪岩。胡雪岩头戴四品文官翎子，双目炯炯有神，中等身材，脸色红润，一副大绅士派头。打量一番，左宗棠面无表情地说道："久仰大名。"这句话一听就是在讽刺胡雪岩。胡雪岩作为商人，十分有耐性，压住心中的不满，只把左宗棠当成挑剔的真正的买主。胡雪岩并没有回答左宗棠，而是再次以礼拜见左宗棠。他知道左宗棠有弱点，就是怕人捧，便恭贺左宗棠收复杭州劳苦功高，又向左宗棠道谢，称其把杭州百姓救出苦海。胡雪岩一边捧他，一边看着他，他见左宗棠脸上露出难以察觉的微笑。看到这一点，胡雪岩又行了一个礼。这一次左宗棠虽然仍旧矜持地坐在椅子上，但已经变成了笑脸。也许面子过不去，他假装突然明白过来，说："唉呀，胡大人，请坐！"胡雪岩在左宗棠右侧的椅子上坐了下来，渡过了这一关。

胡雪岩坐定之后，左宗棠便先问他为杭州购粮的事，脸色变得很难看。胡雪岩这才明白，赶紧把事情缘由讲了个清楚，说到王有龄以身殉国，自己又无能为力，不由放声大哭。

左宗棠这才明白自己误听了谣言，差点杀了真正的忠臣，十分惭愧，赶紧用好话劝胡雪岩。

胡雪岩见左宗棠态度已经有所改变，急忙摸出 2 万两藩库银票，说把这些当时购粮的余款归还朝廷。他还说这笔钱本来就是国家的，还请左宗棠为王有龄报仇，让朝廷对那个弃城脱逃的薛焕严惩。对这合情合理的恳求，左宗棠欣然答应，并把钱也收下了。

2万银票对于每月军费开支10余万的左军来说虽然是少了点，但毕竟可解一时之困。胡雪岩清楚地知道左宗棠想要的是钱，他的这一表现获得了左宗棠的好感。

收下胡雪岩的银票后，胡雪岩对王有龄的忠心感动了左宗棠，立即叫人上茶，与他聊起天来。谈话时，胡雪岩总是投其所好。当左宗棠夸他不辞辛苦为国筹粮时，他说："大人栽培，光墉自然感激，不过有句话不吐不快，望大人见谅，我筹米绝不是为了获得朝廷奖赏。光墉是生意人，只会做事，不会做官。"

"好一个只会做事，不会做官！"这句话说到了左宗棠心里，拍着桌子，大声地叫起来，对胡雪岩的喜爱之情自然流露出来。

胡雪岩还特别善于利用李少荃与左宗棠的矛盾捧左宗棠："我在想，大人是个只顾做事、而不顾什么功名利禄的人，"又说，"恰恰有个人和你正相反"。

前半段话，拍马屁拍得又准又好，对于后面一句话，左宗棠当然很关心，探身说道："请教！"

"此人正是江苏李中函。李中函会做官，大人会做事。"胡雪岩又说，"大人也不是不会做官，只不过不屑于做官而已。"

"啊，好，实在是好！"左宗棠摇着头，仰着脸说，好像遇到了知己。这话说得恰到好处，听起来让人感到真实而又舒坦，心里实在高兴。

"雪岩兄，"左宗棠说，"你在上海待了这几年，自然知道李少荃的作为，你倒拿我跟他的成就比一比看。"

"是！"胡雪岩沉思了一会儿，说道，"李中函光复苏州，也等于大功一件，不过与大人孤军奋战相比，就差多了。"

左宗棠听得大为高兴："雪岩你说得对啊。"

一唱三叹，到了击节相和的地步，胡雪岩的捧人技术实在是出神入化。

事实上，左宗棠最喜欢听别人的奉承。胡雪岩正是投其所好，博得左宗棠的欢心。而且他还能把握好分寸，总是能说出左宗棠最爱听、最想听的，却没有夸张做作之意。

左宗棠听得高兴之极。胡雪岩明白自己已经吸引住了左宗棠。他想，只要实事求是地奉承恭维，左宗棠当然高兴。如果能让左宗棠当自己官场上的后台，生意自然蒸蒸日上。主意拿定后，他一转话题，指责曾国藩只顾为自己抢功、抢地盘，实在是卑鄙。气愤地谴责李鸿章为什么不乘胜收复常州，而把立功的机会让给曾国藩的弟弟曾国荃，以此来做人情。胡雪岩有根有据地指斥引起了左宗棠的共鸣，左宗棠对他又多了几分好感。

过后，左宗棠亲自送走胡雪岩，他认为胡雪岩不仅生意做得好，官场上的事也认识得清楚，是一个大有作为的能人，怪不得受到王有龄的重用。然而粮食仍是他的一块心病，让他十分苦恼，一连几天就是想不出法子。

其实胡雪岩自从上次分手，就筹划着如何帮助左宗棠解决粮食以渡难关。他迅速到上海筹集了上万石大米运回杭州，一部分救济灾民，一部分给军队当粮草。

这万石大米无疑是雪中送炭，不仅救了杭州的灾民，而且对左宗棠打败太平军起了重要作用。左宗棠将着花白的胡须，一块心病总算挖掉了，他高兴不已，内心总觉得过意不去。他说："胡先生立此大功，有事不妨直说，我一定让朝廷大大地嘉奖你。"胡雪岩不为所动，他还是那句话："我此举绝不是为了朝廷褒奖。我只是个商人，只会做事，不会做官。"

"只会做事，不会做官"这一句话可当真说到了左宗棠的心坎上了。左宗棠出自世家，善于谋略，屡立战功，在与太平军的交战中，更是战功赫赫。所以平素对那些光会耍嘴皮子，见风使舵的人十分反感。此时一句"只会做事，不会做官"使左宗棠仿佛找到了知己，因此也更加信任胡雪岩，赞赏之意，溢于言表。

粮食的问题得到解决，但左宗棠还有一个难题就是军饷。由于连年战争，国库早就告急。两次鸦片战争的巨额赔偿更让清政府入不敷出，这军饷的筹备实在是难上加难。左宗棠见他有这么大的本事，于是请胡雪岩为他想法筹集军费。要每月筹集 20 万军费，这对胡雪岩来说也是十分困难的，但他知道要获得左帅的信任就必须办成。胡雪岩细细地考虑一番，这才把想法告诉左宗棠。

原来，太平军打了十几年，不少太平军将士都积累了很多钱财，太平军一失败，他们并不能带走自己的私财。朝廷要抄没他们的财产，但由于这些太平军为了保命，早就将私财隐匿起来。胡雪岩认为左帅可以以闽浙总督的身份张贴告示：只要太平军将士真心投降，朝廷只是对其施薄刑罚款，过后不再追究。

左宗棠自然明白。这一招确实高明，既收集钱财，又收抚了人心。但这样的事以前没有过，如果弄不好的话，那就有严重的后果。左宗棠把自己的想法告诉胡雪岩，胡雪岩又出一计，他的理由是：太平军失败后，很多人都要治罪。但打击面太大，治罪太多，民众自然有怨言，会引起社会动荡。这与战后休养生息的方针恰恰相反。最好的处置就是网开一面，放他们一条生路。实行罚款，略施薄刑，这些战败的将士又能重新做人，当然愿意受罚。

左宗棠对胡雪岩的远见卓识十分佩服，当即命胡雪岩着手办理此事，胡雪岩立即着手张贴布告，讲明道理。没过多长时间，许多隐匿的将士都纷纷投降，一时天下皆知，朝廷自是高兴之至。借助这一机会，阜康钱庄从中捞了一笔，胡雪岩接受朝廷四品赏赐，成了名副其实的"红顶商人"。

通过这次事，左宗棠了解了胡雪岩的为人处事，知道这确实是一个难得的人才，两人真心相结，成为股肱之交。

从胡雪岩与左宗棠的交往过程中，可以看出他是凭着三点获得成功的：

第一，摸清了左宗棠。胡雪岩在决意拉拢左宗棠当后台时，已经通过各种渠道摸清了他。他知道左宗棠是"湖南骡子"脾气，倔强固执，不好接近。还知道他自恃功高，爱听吹捧之词。他还摸清左宗棠与曾国藩及其门生李鸿章之间的重重矛盾，正是在这个基础上，他才能顺利地结交左宗棠。

第二，想人之所想。不光会说，还做得漂亮。他了解左氏的燃眉之急，为他筹粮与筹饷。这两件事对左宗棠来说都是迫在眉睫，而且要解决也十分困难，现在胡雪岩主动地为他去掉了两块心病，左宗棠感动之余，对他自然加倍信任。

首先出米出钱。胡雪岩回杭州，把上万石大米和 10 万银子送往杭州。这上万石大米就是当初胡雪岩冒险到上海为解杭州被围而购买的。胡雪岩购得大米运往杭州却无法进城，只得将米转道宁波，杭州被朝廷收复，胡雪岩将这上万石大米又运至杭州，又把剩下的两万两米款交付，办成了未完的公事，也算洗脱了罪名，而又另外无偿献给左宗棠上万石大米。为了不让收复杭州城的官兵任意抢劫，安抚民众，胡雪岩又捐 10 万两做军饷。清军打仗，为鼓励士气，有一个习惯，就是每收复一个城池，三日之内可以抢劫奸淫。胡雪岩献出 10 万两银子，就是要官兵自我约束，让百姓安宁。

其次，主动承担筹饷重担。左宗棠率几十万兵马同太平军做战，每月的饷银都要 25 万之多。当时朝廷用兵打仗的财政支出是"协饷"，也就是由各省拿出钱来做军队粮饷之用，说到底是军队的军饷自已解决。胡雪岩听到左宗棠谈起筹饷的事，一口答应愿意帮忙，而且立即就提出十分可行的方案。

　　胡雪岩"对症下药"，自然"药到病除"。所谓对症，左宗棠最头疼的是粮食和军饷。刚刚收复杭州，自然要把善后的事做好，首先要有粮食；另外，左宗棠与李鸿章协同作战，共同镇压太平军，太平军一旦失败，左宗棠自然要拔头功，这个时候，粮草军饷自然是万万不能缺少。没有粮饷就无法进攻敌人，而且一旦"闹饷"，部队失去了战斗力，严重了还会出现内乱。胡雪岩的到来，使这两件让左宗棠最着急难办的事一下子迎刃而解，自然获得他的赏识！用左宗棠的话说，办好了粮饷，不但杭州得救，剿灭全浙江的太平军也指日可待。难怪胡雪岩去拜见他，开始理都不理，也不让座，到听说运来了粮食，不仅让座而且是升炕，而到了谈及筹饷，立刻留胡雪岩吃饭。

　　这对症下药的良方，其实是投其所好。正如送礼，要送得合适，最重要的是要了解对方想要的。常常也就是送给对方急需的，又一时没有的。比如左宗棠喜奉承、急于求功，胡雪岩正好给他送去了立功所必需的东西，当然是效果奇佳。胡雪岩说："送礼总要送人家求之不得的东西。"可见他对这里的道理再明白不过了。

　　第三，最重要的还是胡雪岩本人确实有过人之处。胡氏结交官场的人，大多投其所好，有的送钱，有的送美女，有的送人情，但这一套对左宗棠来说作用不大。左宗棠贵为封疆大吏，看不起小恩小惠，若是胡雪岩只是一个有意拉拢的庸人，左氏自然不把他放在眼里。而胡雪岩受左宗棠重用并引为知己是因为他确有真才实学，能助他解危难，是一名不可多得的人才。所以，他才愿意帮胡雪岩做生意，他心里明白，只有互相帮助，才能获得成功。

　　这位脾气不好的总督，在胡雪岩前去拜见时，开始连座都不让，把他晾在一边。而胡雪岩终于还是得到了左宗棠的信任，成为他的知己，在失去王有龄之后，又找到了左宗棠这个更大的后台。

二、游刃洋场

1. 首开风气

道光二十年，即 1840 年，胡雪岩 18 岁，鸦片战争爆发。清政府惨败于英国的坚船利炮之下，于道光二十二年七月二十四日逼迫清政府签订中国近代第一个不平等条约——中英《南京条约》。道光二十三年又订立中英《五口通商章程》和《五口通商附粘善后条款》（又称《虎门条约》）。借着条约、章程和条款，香港割让给英国；勒索2100 万元赔款（不包括 600 万元广州"赎城费"）；中国被迫开放广州、福州、厦门、宁波、上海五口为商埠；规定"值百抽五"的低税率；清政府丧失领事裁判权（又称治外法权，即外国人在华犯罪由本国处理，不受中国法律制裁），英国取得了最惠国待遇。继英国之后，清政府被迫和美、法签订中美《望厦条约》和中法《黄埔条约》，扩大领事裁判权的范围，并获得在通商口岸自由传教的特权。落后人人欺辱，西方其他一些国家，如：葡萄牙、比利时、瑞典、挪威、荷兰、西班牙、普鲁士、丹麦等也乘虚而入，加入到侵略中国的队伍中来。

此后的 10 年间，广大劳动人民受着封建统治和帝国主义的双重压迫，迫于生活的重担，各地人民纷纷起义。仅《清实录》道光、咸丰两朝所载：道光二十二年至咸丰二年（1842—1852 年），全国武装起义就有 92 起。道光三十年一月十一日，洪秀全在广西桂平县发动中国历史上最大的一次农民起义——太平天国运动。短短的 2～3 年的时间，太平军发展迅速，接着沿江西征挥师北伐，经过浴血奋战，在长时间内，占据大部分领土，形成与清廷对抗之势。在这段时间里，上海与福建的小刀会、两广天地会、北方捻军、红巾军、云南彝民和回民、贵州苗民、陕甘回民、浙江天地会、山东白莲教也纷纷起义反对腐败的清政府。

帝国主义列强却趁火打劫。先后迫使清政府签订《天津条约》和《北京条约》。这样一来，外来势力从沿海扩大到长江流域，从华南伸展到东北，一直伸入到内陆。中国的领海和内河主权、海关和贸易主权、司法主权都受到不同程度的损害，特别是公使驻京一条，说明了官派入京的洋人从以前的"贡使"，摇身一变，变成了以条约和武力为后盾的公使，这些都沉重地打击了还沉浸在"天朝大国"梦境中的清王朝。

道光之后，不断的内外战争严重破坏了社会生产。素称"鱼米之乡"的东南地区经过战火硝烟，也是土地荒芜，流离失所者比比皆是。

更加不幸的是，全国各地的旱、涝、蝗、饥、疫等自然灾害更是不断，战争赔款、鸦片走私、内战军费以及清政府官员的不断贪污，清政府财政早就到了入不敷出的地步。

国库空虚，使生产停滞。19世纪中、下叶正是为了巩固边防才举办洋务，许多官员向清政府要钱办洋务，但清政府已无钱可拨。当一个政府失去了物质基础时，就会急切地解决财政上的窘态，而晚清财政的危机，正是为有资本的商人介入政治国事提供了机会。

同治五年（1866年）八月，55岁的左宗棠由闽浙总督调任陕甘总督之后，准备西征。也就是要"攻捻"、"攻回"和收复新疆。当时担任上海采运局务的胡雪岩十分担心。左帅远征西北，不在自己身边，这些年生意如此之好，除了自己的努力，更少不了左宗棠的帮助，今后生意上不知能否顺利？

不过转念一想，镇压太平天国成功后，朝廷"论功"行赏，曾国藩功劳最大，左宗棠次之。此次西征若得胜而回，左帅必能封侯拜相，自然不会输于曾国藩。曾国藩年事已高，左帅却年富力强，以后朝廷就靠左宗棠了。靠山如此之大，自己的生意也好做得多了。何况一打仗，买卖衣食药品，军火的生意一定多之又多，利润自然越来越大，这兴许是一大商机！

胡雪岩本人曾说过："我胡某人有今天的成就，是天时、地利、人和，同时还有两个千载难逢的机遇。"

胡雪岩这里说的两个千载难逢的机遇，一个是指废除闭关锁国开始海外贸易，另一个则是指左宗棠西征。就是这两个机遇成就了他的一番事业。

初开海禁之时，还没有几个人会和洋人打交道。胡雪岩凭着自己过人的才智和古应春等人的帮助，与外国人斗智斗勇，成功地与洋人做成了丝、茶、军火生意，发了一笔大财。

在胡雪岩首次做丝茧生意时，就是和洋人打交道。并且遇见了洋买办古应春，二人一见如故，约好要在洋场上做出一番事业。

胡雪岩最初确立洋场上的势力，使他得到了左宗棠为西北平叛而特设的上海采运局的肥差。上海采运局管理面很广，牵涉和洋人做生意。第一是筹借洋款，总共要一千六百万两以上；第二是购买轮船机器，为左宗棠的福州船政局所用；第三是购买各式各样新式的西式枪支弹药和炮械。

由于左宗棠一定要西征成功，所以十分重用胡雪岩，凡洋务方面都要交由胡雪岩交涉。这样一来，胡雪岩的买办垄断地位就形成了。洋人看到胡雪岩是大清疆臣左宗棠的心腹，做了二十几年的生意，自然都十分给他面子。这也促成了胡雪岩在洋场势力的形成。胡雪岩的商场势力就是洋场和官场势力的结合。

胡雪岩公关的第二步就是同洋场上的势力打交道。胡雪岩的年代正好大开海禁，出于中外贸易的需要，他在咸丰、同治年间就已经与洋人有交往，法国人日意格、德克碑都和他交情很深。为了镇压太平天国农民军，胡雪岩还在他们的帮助下组成了中法联合的"常捷军"。后来，日意格、德克碑还出任福州船政局的正副监督，帮助胡雪岩兴办洋务。

胡雪岩从杭州起家，但生意做大后以上海为其商业活动的中心。因为当时的上海地理位置优越、得风气之先，而金融、法律、城市设施、近代外贸、航运和其他外贸工业等一系列适应近代外贸商业所必需的条件一应俱备，成为全国外贸中心。在上海，胡雪岩抓住机会同法商洋行、德商泰来洋行、英商汇丰和怡和洋行、丽如洋行等机构不断开展商业合作，外国资本正是通过他们来控制中国金融市场，丽如洋行被译为"东方银行"，是中国出现的第一家外国银行，前身是孟买的西印度银行，并设分行于香港、广州。这些洋行来头大、资本雄厚，它们通过经营外国在华洋行的汇兑、进出口押汇、信用透支、打包放款、向清政府发放贷款、吸储华人存款等业务来影响中国政治经济局势发展。胡雪岩虽然不是固定地充当某个洋行的买办，但他经常走动于这些洋行，后来西征武器、采办船政局机器、筹借西征洋款，洋行起到了重要作用。洋人知胡是左宗棠的红人，做生意讲信用，出手又大方，因而也将他推为"中国第一人"，十分相信他，只要是胡雪岩画押的借款都是一路绿灯。

胡雪岩办洋务与别人不同，他在洋场上始终有正确清醒的认识。他一向认为，同洋人做生意，要摒弃两种观点：一是看不起洋人，认为他们野蛮不文明；二是对洋人奴颜媚骨。以这两种态度办洋务都是不可取的。而他自己在与洋人做生意时，不卑不亢，很好地维护了中华民族的尊严。

中国封闭多年，总认为自己高高在上无人能比。在文化上，尊孔尊古，对外来文化反感排斥。自从鸦片战争以后，清军节节败退，有许多人便对洋人敬若神明，上至官员，下至农民，皆惧怕洋人。晚清的一大社会现象就是：有些人对洋人的东西顶礼膜拜；有些人则完全反对，极力要求再度锁国，胡雪岩却以平和的心态对待洋人和洋务。

胡雪岩在那个时代，已经算是很有远见了，读圣贤之书的士大夫只知遵循祖宗礼法，忘了"变通"两字。胡雪岩只是个没读过几天书的商人，反而能够看得清世界发展的变化趋势，根据趋势变化而变化。

胡雪岩认为，一个人的眼光决定了他生意的气度大小，做小生意的眼光窄，只能看到局部；而做大生意眼光自然要宽广，看到的是整体。他自己则把眼光放得更远，他知道对外贸易才是赚大钱的生意。

经常与洋人做生意，他深深地感到洋人政府与清政府有着天壤之别。清朝的商人只要一赚钱，无论多少，政府都要分一杯羹，恨不得把你吃干净。若是不给他上供，他便处处为难商人，弄得你不但生意做不成还可能会破产。

洋人的政府，则恰恰相反。政府主动给缺钱的商人贷款，你出洋做生意它派了军舰保护你。中国人欠了外国人的钱它拿大炮轰你的城市，还处处偏袒自己的商人。

正因如此，胡雪岩说过："洋人做生意，官商一体，他们的官是保护商人的，什么困难都由官来解决。他们的商人见了官，自然实话实说。我们的情形就不同了，官不但不帮你还难为你。这样子的话，我们跟洋人做生意自然吃亏。明明能成的生意，让官场一使坏也泡汤了。"人家外国人，特别是英国，做生意是第一等人。我们这里呢，把商人放在最末位，还说"无商不奸"。

因为有了这种对比，胡雪岩更加体会到封建官僚体制对商业的严重阻碍。通过这些比较不难看出，自己的商人费尽心血，为了能营造一个好的商业氛围。因为落后体制的限制，商人自己独力开拓商业地域，一旦出现错误就有被禁商的可能。一夜之间会处处受阻。因此，他对封建官僚体制的批评十分到位。

胡雪岩认为洋人也有他们自己的好处。他们的好处就是讲信用讲道理。只要你有诚意，他们就很认真地同你做生意，绝不会用什么歪点子来害你。中国的商人则截然相反，在商场上败给你，逮着机会，他就会在其他方面害你。比如借助官府，借助黑势力。所以胡雪岩觉得，很多时候和洋人做生意比和自己人做生意容易得多。洋人重商的体制，已经大大压低了商人从事商业活动的成本。反过来看，胡雪岩的成功实在是得来不易。作为一个中国的商人，他要付出双倍的代价和心血。

胡雪岩成为中国洋务第一人，意义重大。就整个中国而言，他借来了左宗棠平定西北的军款，创办了福州船政局，培养了大批海事人才。对他自己来说，洋场生意巩固了他的商场地位，更赚了一大笔钱。

2. 借贷洋款

胡雪岩向洋行借款，帮左宗棠开办船厂、筹借军饷，此事做起来并不容易，之所以能成功，是因为他懂得借势。

胡雪岩开历史先河，第一个以商人身份代表政府向外国引进资本。在这之前，政府还没有向洋人借款的先例，且有明确规定不能由任何人代理政府向洋人贷款。比如说，曾是军机首领的恭亲王为了买船就拟向洋人借银一千万两，所获批示却是："其请借银一千万两之说，中国亦断无此办法。"因此，左宗棠也不敢冒然向朝廷奏明要向洋人借款，经过胡雪岩一番有理有据的分析之下才下了决心。

胡雪岩说："中国有句老话，'与其待时，不如乘势'，难事不难，就因为懂得乘势的缘故。"同样是向洋人借款，那时不批，这时却可能批。因时局在变，一则那时向洋人借债买船，洋人大多不肯，朝廷大多数人也不赞成，恭亲王也不坚决，自然绝不会再去借洋债。而此时洋人已经看出朝廷决心镇压太平天国，把东南这块宝地要回来，当然自愿借款，而朝廷因国库空虚也不会拒绝。二则当时军务并不紧张，向洋人借款买船也不着急，而镇压太平天国是迫在眉睫，为军务所急上奏朝廷提出向洋人借款的要求，朝廷也不会阻挠。三则此时领衔上奏的左宗棠手握兵权，且因平定太平天国有功，朝廷对他信赖有加，由他向朝廷提出借款一事，自然是够资格。借助这三个条件形成的大势，向洋人借款是一定能成功的。

事实也证明了这一点。

西北地区自古以来自然条件差，人民生活困苦，甘肃和新疆两地的财政费用平时就要靠江苏、浙江和四川等富裕省份接济。西征经费除了各省协饷，清朝中央政府偶尔也会从海关洋税和别省盐务中拨很少的部分，而各地协饷又不能按时拨调。出兵征战粮草充足，所谓"兵马未动，粮草先行"，在这种状况下，左宗棠只好奏请借洋款救急。

为向洋人借款，胡雪岩带来了泰来洋行和汇丰洋行的代表，由汇丰出面来代理泰来的款项。左宗棠不明白这其中的道理。胡雪岩很会说话："汇丰是洋商的头领，他出面事情就好办了。这好比刘钦差、杨制台筹饷不成，但大人一出面就成功，道理是一样的。"

胡雪岩这么一比，左宗棠十分高兴，至于借款的数目和利息就好办多了。胡雪岩摸清左宗棠的脾性，当他问到是否要海关出票时，胡雪岩坚定地回绝了。

原来，洋人借款是为了自己的利益，避免有拖欠的风险。加上外国人控制着中国海关，所以一般借款，总要中国方面出具海关税票，以保证能按时归还。但胡雪岩信誉好，自然不必担心出现问题，这道手续自然就免了。

虽然是看在"胡财神"的面子上，胡雪岩却不说穿。左宗棠问，是否只要陕甘出票就可以了，胡雪岩却说："只凭'陕甘总督部堂'的关防就足够了。"

这一回答让左宗棠很受用，不免感慨系之："唉！陕甘总督的关防，总算也值钱了！"

"全仗您老威风，"胡雪岩接过他的话头说，"陕西、甘肃原来又穷又偏。除了俄国以外，其他外国人知之甚少。但现在大家都知道陕甘有位左爵爷，洋人敬重大人的威名，这陕甘总督的关防自然要比直隶两江还管用。"

他还说古应春打听到，李鸿章借洋款都要关票。

听得这一句，左宗棠喜笑颜开，他觉得自己各方面都比李鸿章强。这份得意自是不必多言。

胡雪岩这么一捧，左宗棠只觉得自己十分厉害、伟大，对胡雪岩好感大增，对胡雪岩的其他商业上的事更是全力支持。胡氏结交左宗棠，吹捧他是一个非常重要的手段。

接下来就是胡雪岩办具体事务。胡雪岩找到自己上海的朋友，汇丰银行帮办古应春，此人精明能干，熟悉银行事务，洋人十分器重他，可以托他向汇丰银行借款二百五十万。由于是老朋友，胡雪岩直截了当地说明来意。

古应春一听顿时面露难色，数目小还好说，如今胡雪岩一张口就是二百五十万，当然不敢做主，况且银行是要在一定时期还款的，只怕到时还不上就麻烦了。不过，他还是向胡雪岩推荐汇丰银行，让他自己去和英国经理德麦利谈判，由古应春负责。胡雪岩同德麦利到了一家饭店，两人很快进了正题，德麦听说胡雪岩要借二百五十万，吓了一跳。如果成功，银行当然有一笔钱赚；如果到期不能还款，银行也会损失巨大。愣了会儿，德麦利道："数目太大，需要你们政府出面我们才能考虑。"德麦利想得很周到，因为在此之前清政府还没有向洋人贷款的先例。此事纯粹是胡雪岩同左宗棠的想法，胡雪岩自然不能和他说。于是胡雪岩道："谈成功了朝廷自会做主，谈不成谁出来做主都没用。"

德麦利知道他是一个精明的商人，英国在中国的许多生意与之有关，也知道他在官场上吃得开。当然，如果能通过胡氏来打开中国的市场，以后的利润会更大。想到这一点，德麦利决定还是谈下去。他对胡雪岩道："我当你是清政府的代表。"

一连几天，谈判进入实质：包括贷款数量及利息，偿还期限及方式。但在这些问题的谈判上，刚开始就出现分歧，胡雪岩认为利息过高，德麦利认为期限过长。

胡雪岩着急万分，来到古应春府上。两人对饮，胡雪岩不说话。他心里想迟迟贷不到款，如何向左宗棠交待。

胡雪岩左思右想，他觉得只要抓住洋人的弱点就能成功。

在第二轮谈判中，胡雪岩用利益来做饵。他答应可以给德麦利分红，这笔钱不见于账面，德麦利可获数万利润，相当于他在中国干十年的收入。德麦利果然上钩，他答应向英国总银行汇报。

胡雪岩知道左宗棠急等着好消息，德麦利这一汇报，自然要一段时间。不过这都是他内心的想法，他当然不能让德麦利察觉，免得他以此为要挟。

胡雪岩找到古应春，两人商量对策，决定要给德麦利下一剂猛药。

德麦利这天无事，就去烟花巷寻花问柳。在中国这么多年，他已养成这种习惯，一没事就到妓院，找姑娘风流快活。然而他作为汇丰银行中国地区的总经理，这样的事自然不能让人发现。因为万一让另外的银行那些竞争对手知道了，一宣传开来，可就坏了汇丰银行的声誉。

胡雪岩的计策是：趁他在上海最大的妓院怡春楼风流快活时，让几个人冒充小刀会把德麦利捉住，给他拍照，敲诈他一百万两，否则就要寄给报社，贴满上海。

德麦利在上海多年，深知小刀会的厉害，自然害怕。虽然他是汇丰银行中国地区总经理，但一百万也实在是太多了，他哪有这么多钱？一想到此，就后悔自己不该来。他哪里知道，这么多年，为什么这天晚上就出了事呢？第二天，德麦利与胡雪岩又开始就借款问题进行谈判，德麦利却失魂落魄，精神萎靡，连话都不会说了。

胡雪岩忙问出了什么事，不知能否帮忙？

德麦利这才想起对面坐着的是精明能干的胡雪岩，他心中盘算，此人黑白两道都有朋友，说不定真能帮上忙。出于无奈，只得将自己的事说了出来。

胡雪岩考虑了一会儿，道："小刀会的人行事未免太过分，竟然勒索到你头上。你放心，包在我的身上，胡某一定帮你渡过劫难。"

德麦利一听有胡雪岩帮忙，高兴得差点没跳起来。

德麦利一晚上没睡好。第二天早上，胡雪岩没来。下午，胡雪岩仍没来。到了半夜，胡雪岩才出现。

胡雪岩一见他，微微一笑，说事情解决了，说着，从袋子里取出照片和底片，交给德麦利。

德麦利接过一看不知该如何是好。

胡雪岩又从袋中拿出一张字据交给德麦利。写道："收赎金十万两，还德麦利底片及所印相片，从此不得以此为挟。若违此誓，天诛地灭。"后面赫然是小刀会首领张三横的签名及手印。

德麦利自然明白，他知道小刀会虽然是地下帮派，却很讲信用。既然发下了如此毒誓，此后一定会恪守承诺，否则只要他拿此字据出去一亮，小刀会就会失去信用难以在江湖上立足，明眼人一瞧便知，是胡雪岩出了十万银两，摆平了此事，德麦利感激万分，对胡雪岩道："胡先生，这十万两银子我一定在近日内偿还。"

胡雪岩道："德麦利先生，这话见外了，十万两银子算得了什么，就当交个朋友，还是明日商谈正事要紧。"

经此一事谈判十分顺利，不久，双方就利息、期限、偿还方式一一谈妥。

德麦利做梦也不会知道这一切都是胡雪岩的精心安排，硬是把他给摆平了。

为了左宗棠西征，胡雪岩先后六次向洋人借款，累计达 1870 万两。从同治六年（1867）年到光绪七年（1881）年在左宗棠西征经费报销案中，光利息就付出 428.18 万两（其中包括别的短期零星的贷款利息），而光绪三年（1877）年的借款还有 3 年息金要付，光绪五年（1879）年的借款还有 4 年息金要付，仔细一算利息达到了借款的二分之一。这比高利贷还厉害，因此许多人都不同意西征借款，上海《申报》发表题为《贷国债说》的评论文章，指出：以海关收入为抵押，举借这样数额大、利息高的洋债，"此为中国古今未有之创局，然失利亦无有甚于此者。夫泰西诸国之贷债也，其息大率每年百两之五、六两耳，今中国乃竟倍其数而付之，且必责关票以为凭，暂解燃眉之急，顿忘剜肉之悲，重利让之他邦，贫名播于邻国，简直是'饮鸩止渴'。"汪康年《庄谐选录》也有相关记载："左文襄西征时，苦军饷无所出，乃令胡为贷于某银行，以七厘行息。……其实此款即由银行印刷银票，贷诸华人，以四厘行息，三厘则银行与胡各分其半也。"书中还提到有一年外国银行办事人员回国，香港各界洋人摆宴送行，正坐间，忽然有一人站起来发问："诸君今日钱某，为公事乎？为私情乎？"众答："自然是为公事。"那人不慌不忙："那胡雪岩为左大人经办借款，曾告诉我四厘行息，我昨获见其合同底稿，乃是七厘行息，却是为何？"办事人员无不脸色一变，无话可说，众人失色退席。光绪五年（1879）年，正在出使欧洲英、法、俄等国的曾国藩的长子曾纪泽（1839－1890 年），十月初二日看到从上海寄到驻地的《申报》和函牍，英国人葛德立前来拜访，两人言语之中谈到胡雪岩借洋款一事，洋人得利息八厘，而胡雪岩却说只有一分五厘，曾纪泽在当日的日记中写道："奸商明目张胆以牟公私之利如此其厚也，垄断而登，病民蠹国，虽籍没其资材，而科以汉奸之罪，殆不为枉。今则声势日隆，方见委任。左相，大臣也，而瞻徇挟私如此，良可慨已。"在日记里把左宗棠和胡雪岩骂了一通。

高利息借洋债，当然要亏本。退一步说如果没有这些贷款，哪来的钱打仗？在各省协饷没有的没有，拖欠的拖欠，左宗棠为战争争取时间，被他的对头称为是"仰鼻息于外人的做法"，息借外债，付出了巨大的代价，却保住了自己的领土边疆，也算是划得来。

左宗棠委托胡雪岩借洋款时，曾经说过"息银听阁下随时酌定"，后来的做法证明，利息上确实有很大问题。

所以说，胡雪岩所吃的回扣就是清政府所付利息率和实支贷者的利息率之间的差额。这就是胡雪岩做商人的目的：获得更大的利润。不过，西征大军急待军饷却无力筹集时，胡雪岩于万里之外四处奔走筹借洋款，帮助左宗棠力保国土不失，应该说，也算是一份爱国之心。

还要指出，当时朝廷里任两江总督的沈葆桢和李鸿章等人极力反对，英国公使威妥玛等人也多次为难，加上各洋行在金融恐慌影响下，资金流动十分困难，要想借洋款并不容易。

光绪二年（1876 年）八月十二日，左宗棠给部将刘典的信中说："闻今年海口缺银，出息三分尚无借者，不知明年又将如何，已致信胡雪岩，问其如何设法。"利息到三分也没人肯借，由此可见资金很是紧张。但是，胡雪岩却以低于三分的利息（几次借款最高利率是月息一分三厘）把问题解决了，实在令人敬佩。所以左宗棠十分器重他。光绪三年（1877 年）底，胡雪岩从杭州回上海途中在余杭塘栖不幸碰上了沉船的倒霉事，使他原来就有的病更加重了。左宗棠在光绪四年（1878 年）三月初十日，写给陕西巡抚谭钟麟（1822－1905 年，湖南茶陵人）的信中就提到自己对胡雪岩身体的担心。

西征军有充足的粮饷军火，士气倍增。光绪二年六月－九月，乌鲁木齐及附近地区被清军收复，北疆大部分地区也被清军占领。光绪三年春，攻克吐鲁番、托克逊等南疆八城。5月，阿古柏死，新疆10多年被阿古柏残酷统治的局面到此结束。

左宗棠曾高度评价胡雪岩为西征借款。光绪四年二月二十四日，他在给谭钟麟的信中写道："弟饷事全赖东南协解，论采运转输之劳，雪岩、苦农之功伟矣。至无中生有，绝处逢生，则雪岩之功，实一时无两。"他认为胡雪岩筹饷、筹运功劳同前线杀敌立功是一样的。三月二十日，左宗棠在致谭钟麟的信中又讲到："然就筹饷而言，弟不能得于各省方面者，仅得之于雪岩。平心而论，设无此君，则前敌诸公亦将何所措手？"

左宗棠赞美之词由心而发，是他对胡雪岩能与他同心协力力保西征成功的最好回答。

3. 襄助洋务

晚清时期的曾国藩、左宗棠、李鸿章是中国历史上出现的显赫一时的人物。他们都因镇压太平天国运动而成名，同时他们在其他方面也有一番作为。

为了镇压太平天国运动，曾国藩购买了西方大量的军火。先进的外国军事技术起到了重大的作用，也多多少少改变了他的思想。在战争的后期，他们开始付诸于行动，派出人员去西方学习，要用西方的先进科学技术来挽救清王朝。当然，因为他们是朝廷命官，与洋人亲自打交道十分不便，因此希望找一些中间人来实行他们的主张。

在这三个人中，左宗棠对胡雪岩的命运影响最大。或者可以说，左宗棠能在晚年屡立奇功，绝对离不开胡雪岩。

左宗棠在道光末年就读过魏源所著《海国图志》这本书，它主要讲的是世界历史、地理、政治、宗教与科技，他十分同意魏源"师夷长技以制夷"的观点。在当官过程中，他了解到泰西弃虚务实、制作精妙，就更加迫切要实施魏源之想法，他曾呼吁："中土智慧岂逊西人，如果留心仿造，自然愈推愈精。……竟十年以后，彼人所恃以傲我者，我亦有以应之矣。"由此可见，他十分渴望学习西方的先进技术来强国。

办洋务的确不是一件小事，精通华洋事务的人才必不可少，左宗棠当然要有精明能干的胡雪岩做帮手。胡雪岩也确实帮助左宗棠在创办洋务中做成了几件大事。

首先是福州船政局。福州船政局开办于同治五年（1866）年，比同治六年（1867 年）李鸿章在上海办的江南造船所还早一年，是新式造船企业在中国之先例，福州船政局又是当时中国最大的船舶修造厂。虽然比不上外国的造船技术，但也称得上是开中国之先河。

其次是甘肃织呢总局。甘肃织呢总局又早于李鸿章的上海机器织布局，也是洋务运动中最早的一家官办轻工企业，是我国第一个机制国货工厂。

还有开凿泾河。光绪三年（1877 年）由于西北遇大旱，左宗棠以工代赈开凿泾河。他早就知道外国有开河机器，就把买机器的任务交给了当时任上海采办转运委员的胡雪岩。胡雪岩向德国购买了一套机器，还聘了几个德国技师。光绪六年（1880 年）的秋天，德国技师用机器在泾源工地，先开了一条长 200 里的正渠。由于渠底布满坚石，用人开凿十分困难。为了把渠挖宽加深，提高工作效率，德国技师建议再买开石机器。胡雪岩接到左宗棠的命令，又买了几台。虽然现在我们无法从史料上知道工程情况如何，但胡雪岩帮助左宗棠引进机器，用机器在西北高原上开河凿渠，在当时可是第一家。

左宗棠所办的洋务事业不但抵制了外国侵略者，还很大程度上开发了大西北。自然少不了胡雪岩的功劳。左在给胡雪岩的一封信中谈到船政局事宜时，称赞胡"阁下创议之功伟矣"。两人在创办洋务上思想统一，经常通书信来交换看法，如左宗棠在给胡雪岩的一封信中说过："中国枪炮日新月异，泰西诸邦断难挟其长以傲我耳。"

在商言商，胡雪岩在办公事时，也不忘赚钱。同治五年，左宗棠在奏设福州船政局时就曾说过：买外国人的机器在中国开造船厂，这可是头一遭，谁也看不出机器的优劣，所以托人购买时，要"宽给其值，但求其良"。这个"宽给其值"就是要给经手此事的人"回扣"。胡雪岩在经办洋务中到底得了多少"回扣"，谁也算不清，但他公私兼营，以公肥私却假不了。不过，他协助左宗棠举办洋务的确是进步的。

三、商界"异数"

在封建社会，有钱的商人都希望能用钱买官，求个一官半职。

旧时候商人的普遍心理就是：别人有不如自己有，求人不如求己，当了官就不用再求别人了。商人重利，其实既指钱财，也有"功利"。晚清时，虽然有人提出"以商立国""商为四民之纲"。然而，要想实施起来却是难上加难，几千年来代代承袭的官本位思想早就在人们心中根深蒂固，形成了难以逾越的障碍。唐力行在《商人与中国近世社会》中谈到光绪三十四年（1908 年）苏州总商会，其总理、协理两人均有中书衔，16 个会董中，捐有二品职衔、候选州同衔、都事衔者各一人，试用知府、布政使司理问衔各 2 人，候选同知、同知衔，候选郎中、员外郎、候选县丞、知事各 3 人。这表明近代商人仍以钱搞官，想尽办法跻身官场，借此来提高自己的身份地位。

与胡雪岩做生意的南浔"四象"（大丝商资财在银洋 500 万元以上的称"象"，100 万以上者为"牛"，10 万元以上者叫"狗"）之一的庞云镨（1833—1889 年），用儿子庞云济（1864—1949 年）的名义，向清廷捐献 10 万两文银，来赈济河南、直隶所受灾害。李鸿章上奏朝廷，赏庞元济为举人，特赏一品封典，候补四品京堂。

在清朝，赏穿黄马褂可是件了不得的大事。清太祖努尔哈赤第二子代善的后代昭梿（1776—1829 年）在所著《啸亭杂录》记载黄马褂定制："凡领侍卫内大臣，御前大臣、侍卫，乾清门侍卫，外班侍卫，班领，护军统领，前引十大臣，皆服黄马褂。凡巡幸，扈从銮舆以为观瞻。其他文武诸臣或以大射中侯，或以宣劳中外，上特赐之，以示宠异云。"由此可以看出皇帝身边的侍卫扈从和立有卓著功勋的文武大臣才有资格赏穿黄马褂。左宗棠打仗打了大半辈子，做官做了几十年。到了 53 岁，在同治三年（1864 年）因镇压太平军、收复杭州有功，朝廷才赏穿黄马褂。况且黄马褂一向由皇帝主动特旨赏赐的，当然是不能讨要了。

但左宗棠为了胡雪岩能做上官，不怕困难，想了很多办法。他开始打算在赈案内保举胡，但经与陕甘总督谭钟麟商议，觉得即使获皇帝特旨谕允，部验一关也难过。于是，在光绪四年二月二十三日，左宗棠上疏请求皇帝饬令吏、兵两部于陕甘、新疆保案能够放宽条件。第二天，他又写信给谭钟麟，其中提到："即以时务言之，陇事艰难甲诸行者，部章概以一律，亦实未协也。……胡雪岩为弟处倚赖最久、出力最多之员，本为朝廷所洞悉，上年承办洋款赡我饥军，复慨出重赏恤兹异患，弟代乞恩施破格本属有词，非寻常所能援以为例。……如尊意以陕赈须由陕西具奏，则但叙雪岩捐数之多，统由左某并案请奖，亦似可行。"左宗棠接着在三月初十日又给谭钟麟写信，说："实则筹饷之劳惟雪岩最久最卓，本非他人所能援照，部中亦无能挑剔也。"10 天以后，左宗棠在给谭钟麟的信中说，虽然黄马褂只给那些功勋显赫的人，但它大致依照花翎的章法，胡雪岩既然已得花翎，也算是立战功所得，而且他捐银 20 万之多来救助全国各地水旱灾害，谁能比得上？由此左宗棠认为替胡雪岩奏请黄马褂之事十分可行。

准备了一段时间，左宗棠终于在光绪四年（1878 年）四月十四日，郑重地上了《道员胡光墉请破格奖叙片》把胡雪岩办理上海采运局务、购枪借款、转运输将、力助西征的功绩一一列出，还花了很大的篇幅介绍胡雪岩对陕西、甘肃、山西、直隶、河南、山东等省灾民的赈捐总达 20 万之多，"又历年捐解陕甘各军营应验膏丹丸散及道地药材，凡西北备觅不出者，无不应时而至，总计亦成巨款；其好义之诚，用情之挚如此"。左宗棠在奏件中还立下誓言："臣不敢稍加矜诩，自蹈欺诬之咎。"这样，胡雪岩军功和善举一个不少，还有朝廷重臣左宗棠的大力担保，清廷果然批准赐胡雪岩黄马褂，皇帝还赐允他在紫禁城骑马。胡雪岩在杭州城内元宝街的住宅也能重新起门楼，连浙江巡抚到了胡雪岩的家，在大门外也得先下轿。虽然在乾隆年间，也有盐商因捐了大笔钱财而获红顶，但像胡雪岩这样既有红顶子又穿黄马褂、享有至高殊荣的是找也找不见的，难怪这位特殊的官商被人称为"异数。"

胡雪岩既是官又是商，要地位有地位，要实惠有实惠。但他并不真正想做官，仍以经商为职业，做官为的只是提高身份地位，增强自己在商业中的竞争能力，也就是说：胡雪岩利用红顶、黄马褂来更好地做生意。

左宗棠成了胡雪岩官场的后台，他的生意又获生机，迅速地发展起来。短短十年，左宗棠凡购置弹药，筹借洋款，拨饷运粮，都由胡雪岩一手操办，胡雪岩也从中获取巨大利润，事业亦如日中天，财产从十几万到了数千万之巨。

左宗棠收复杭州，而胡雪岩献米献饷，帮助左宗棠处理了杭州战后事务，他的所作所为获得了左宗棠极大的赏识和信任，使胡雪岩在王有龄死后又找到了左宗棠这座靠山。有了左宗棠这个后台，胡雪岩的生意在战后全面恢复，而且越做越红火。左宗棠要西征新疆，他以"红顶商人"的身份，为左宗棠筹办粮饷；创办轮船制造局，代表朝廷借"洋债"，自此与洋人有了金融上的来往。到这时，胡雪岩在官商两界都获得成功，前途一片光明。左宗棠为感谢胡雪岩，光绪四年春，他会同陕西巡抚谭钟麟联衔出奏，请求朝廷"破格奖叙道员胡雪岩"，把他所有的功绩都上奏朝廷。

胡雪岩的母亲七十大寿，不但有高官李鸿章、左宗棠这些朝廷重臣送礼道贺，就连慈禧老佛爷也特为其颁旨加封。至此，胡雪岩到了他一生中最辉煌的时刻。

第九章　金屋藏娇

一、"命里旺夫"

1. 问媒奇绣行

胡雪岩一生遇到不少女人，其中就有几个女人能帮助他的事业，被称为有"帮夫命"的女人。

上海的奇绣行因为绣件精美、价格又不贵，十分受游人喜爱。奇绣行的老板却是一个姑娘家，名叫阳琪，这女子长得十分秀丽动人。一天阳琪正在绣制定货，把一朵硕大的牡丹绣在缎面上，这时一个青年走进店中，直盯着她那绣架上美丽的图案。阳琪被他看得不好意思，脸都红了，抬头一看，青年急忙避开目光，便道："你的货我都要了。"阳琪一惊，知道这是个大客户，便说："除了货柜上的陈品，另外可以订制。"这一批货，阳琪从中获利 10 两。当阳琪把绣制品按青年的嘱咐送到枫桥路阜康钱庄时，才知道那个青年人就是钱庄老板胡雪岩，同时他还买卖苏绣、顾绣、蜀绣和经营丝绸生意。阳琪对他十分敬佩，不由得多看了几眼。

时间一长，两人便熟识了。彼此都谈得来，又有共同语言，彼此就产生了好感。胡雪岩常常借游六和塔来阳琪店中闲聊，阳琪也非常希望他来自己的店中。阳琪的母亲陈氏把一切都看在眼里。一天，陈氏把阳琪叫到房中，她说道："闺女，你已十七芳龄，该出嫁了！胡先生精明能干，一表人才，对你又有爱慕之心，不知你意下如何？"母亲的问话让阳琪满脸通红，不知如何开口。陈氏又继续说道："胡先生与你就很般配！"阳琪心里自然高兴，低声答道："全凭母亲做主。"

　　人有旦夕祸福，奇绣行生意正好，陈氏的丈夫陈定生不幸染上风寒，得病身亡。母女俩悲痛万分，终日以泪洗面，连过年都没过好。清明节这一天，下着绵绵细雨，杭州城里人山人海，钱塘江边挤满了游客。只见钱塘江上画舫舟船都等着游人乘坐，优美的箫声传出很远。钱塘大堤被男女老少挤了个水泄不通，连平时很少出门的富家千金也出门看放河灯。胡雪岩却无心观看，他心中想着阳琪。

　　胡雪岩悄悄穿过大街，来到奇绣行。店门紧关，敲门却无人应答，他正欲再敲，阳琪把门开开，阳琪见是胡雪岩，很是高兴，连忙请他进屋。胡雪岩专程送来所欠的 500 两银子，双手把钱递给阳琪，握住她的手，用渴望的眼神望着她。她忙低垂双目，轻轻说道："你坐吧。"胡雪岩却一把拉她入怀，阳琪却不挣脱，她幸福地偎依在胡雪岩的怀中。两人忘情地拥抱亲吻，后院传来"阳琪"的喊声，二人大惊，还以为陈氏看灯回来了。阳琪推开胡雪岩，忙让他躲起来，然后她整理一番走出屋。原来是邻居刘妈前来借剪刀。送走了刘妈，她惊魂未定，神色慌张地对胡雪岩说："被人看见不好，母亲快回来了，你也走吧！"胡雪岩很不情愿地走出院子。

　　一晃 11 年过去了。这一年的初夏杭州遭太平军攻打，阳琪携母亲逃难到上海，在上海用积蓄开了一家绣行。因为绣行开在上海的繁华地带十里洋场，生意还不错。一天，一群人走进绣行，对这里的绣品赞不绝口。忽然听到有人喊一个中年男子为"胡雪岩"。这个中年人正用双眼凝望着自己，似乎若有所悟，连东西都没买就走了。次日一早，店里就来了位大嫂，只见她身着红色缎面旗袍，头戴金簪、耳坠宝石、体态丰腴，一看便知是富人家的太太。她笑着问这问那，阳琪都用心答她。最后贵妇只买了床缎面被子，给了她一张银票，阳琪接过一看，是阜康钱庄，心里一惊，对杭州阜康钱庄的面貌仍记忆犹新。她不由得又打量了一下贵妇。下午来了一顶轿子，还是那个贵妇，阳琪热情地招呼，迎进店中，请她坐下。贵妇问道："这些手工活全都是你绣的？"阳琪答道："只有少数是我绣制的，其他是请人代绣的。"二人一问一答，逐渐熟悉起来。贵妇问起阳琪的身世，阳琪很是伤心，娓娓道来。听完阳琪的身世，贵妇问道："你没有忘记胡雪岩吧？"阳琪愣了一下，说道："不太记得。"贵妇又拣些绣品便坐轿而回了。

听到胡雪岩的消息，阳琪十分激动，11 年前的胡雪岩又浮现在她的眼前。她当然没有忘记自己日夜思念的情人，前日他一来到店中她就认了出来，但现实让她不敢冒然相认。莫非这贵夫人就是他夫人？心念至此，内心无限凄苦，泪水夺眶而出，只叹自己命苦。

第二日，贵妇又借故而来，现在她们彼此已经熟悉。贵妇说她姓李排行老三，人称李三姐。她是来买些东西送给自己的亲戚胡雪岩的。阳琪急忙问起胡雪岩，李三姐把胡雪岩的状况说了一遍，并说自己十分佩服胡雪岩，最后又说道："胡雪岩并没有忘了你，你们还是见一见吧！"阳琪心中想到："如果他没有忘了我，自然会来，到时我一见便知；不来，说什么都没用。"她柔声说道："你引他前来与我见一面吧。"

第二日，胡雪岩果然来了。二人相见少不了惊喜，说了些客套话。杭州沦陷后，胡雪岩过了一年就到了上海，当时生意顺畅，杭州一收复，他又回到杭州。现在生意大都在杭州，这次是为左帅借洋款而来上海。听得阳琪心中欢喜。她问道："事务繁重，难为你一个人了!"胡雪岩顿时神色黯然,低声说话:"没有办法啊,她什么也不懂!""她"字像针似的刺了阳琪的心,她失望地低下头,没了谈话的兴趣,只是简简单单地说了自己的遭遇。胡雪岩却听得眼泪都差点儿流下了。两人随便闲谈一会儿,胡雪岩便走了。经过这一回,胡雪岩有事没事便去阳琪的绣行,日子一长,旧情难免复燃。一天,胡雪岩说:"你目前境遇较差,我给你一万两银子,你一定要收了。"阳琪见不好推辞,说道:"好,我暂时收下。"接过万两银票揣进衣包。两人你一言我一语,仿佛夫妻一般。

胡雪岩走后,阳琪怀揣万两银票,兴冲冲来到江海关想买南京路一块地皮。由于阳琪每月要替他们绣一面大清国旗,自然和主管混熟了。江海关守门的士兵又得了阳琪的好处,自然放她进去。她敲了敲总署大人的门,总署见是貌美的阳琪,忙问:"你有何事啊?"总署大人听明阳琪来意后,忙道:"阳琪你真是有眼光,南京路虽说离城较远,但马路一通,洋房一修,地皮自然要涨,但是这酬劳,你看如何?"阳琪顺手掏出 500 两银票递给总署大人。有钱好办事,总署大人与阳琪一同到了洋人那里"挂号",有了海关总署大人的引见,洋人便把手续都给阳琪办了。办理好手续后,阳琪高兴地回到家里。胡雪岩正好在等她。阳琪笑容满面,十分得意,把买地皮的手续凭证都交给胡雪岩。胡雪岩打开一看,全是买地皮的契单,十分困惑,忙问到:"这是你的吗?"阳琪见胡面露疑惑,又说道:"我自己做主,用你的万两银票替你买了南京路东段的地皮。"胡雪岩这才明白,但他说道:"我对炒地皮并不熟悉,更何况要办理权柄单、道契,手续繁琐,时间拖得长,最少半个月才能办下来。你怎么这样快就办成了,真叫人佩服。"听了胡雪岩的夸奖,阳琪就把买这块地皮的想法说给他听,胡雪岩连连称赞她有眼光。他多么希望阳琪能成为自己的帮手,如果自己的妻室能答应就好了。从这以后他便寻找机会博取阳琪欢心。

正如阳琪所说，一个月后洋人开始在南京路大兴土木，胡雪岩所购地皮的地价一路攀升。胡雪岩十分高兴。他决定邀请李三姐夫妇和阳琪一同在天星宾馆吃大菜。四人在饭桌上愉快地交谈，胡雪岩更是不断地夸阳琪。李三姐夫妇也十分佩服她。吃完饭，李三姐把阳琪拉入自己的轿中，十分亲热地对她说问："你也看出来了，胡雪岩多么希望你能成为他的贤内助！"对于李三姐的询问，阳琪不知怎么回答才好。她没有回答，心里其实很不平静，她害怕做小老婆受欺辱，所以心里十分矛盾，于是把自己的顾虑说给李三姐。李三姐暗想，她有心要嫁，只是有顾虑而已，就不以为然地说："你是他生意上的好助手，他又怎么把你当'小'呢，更何况你身在上海，照顾胡先生的生活，没有人会为难你；胡先生离不开你，我们大家可都看到了。"李三姐一番颂扬，阳琪心动了。

一回到家，李三姐把阳琪的心意说给胡雪岩听。胡雪岩听后欣喜若狂，托李三姐为媒，向阳琪求婚。胡雪岩如愿以偿，终于娶了阳琪。自从胡雪岩有了阳琪这个贤内助，生意自然越做越顺畅。

2. 罗四太太

胡雪岩风流成性，经常寻花问柳。他常常自谓："一不做官，二不图名，但只为利，娶妻纳妾，风流一世，此生足矣！"只要是他看上的女人，他会想办法得到她。

胡雪岩见过许多女子，对那些只会浓妆艳抹、撒娇忸怩的女子十分厌烦。但钱塘江边醉瑶台酒家的一个女厨工，却令他耳目一新，不由得心动了。胡雪岩只是看了一眼，便觉与她有缘。听酒家老板介绍：这名女子名叫翠环，祖上曾是嘉庆爷宫中御厨，得了真传，烧得一手好菜，成为杭州烹调高手，她烹制的"东坡肘子"一菜，连曾国藩吃了都连连叫好。

胡雪岩知道他不会看走眼，觉得翠环不是那种头脑简单、空有一副好皮囊的女子，人长得漂亮，又精明能干，有才有艺，能辅助男人干一番事业。俗话说：女主内，男主外；女子主内，把家中的生活安排得妥妥当当，才称得上贤内助。

胡雪岩现在的太太，由父母指婚。虽颇有几分姿色，但不是精明能干之人，且不善应酬客人。一来客人，胡雪岩总说她上不了台面，不让她见客。作为成功的商人，没有另一半的支持，实在是遗憾。所以胡雪岩虽然寻花问柳，却常常有知音不遇的感叹，心中也常感孤单。

翠环的出现，让胡雪岩自然十分高兴，既是御厨之后，烹调高手，主持家政、调节筹划当然是轻车熟路。若能娶来家中，作自己的贤内助，可免自己后顾之忧。美人坐怀中，又能吃上美味佳肴，出门有人惦记，回家有人关心，这才算是不虚度此生。

胡雪岩对翠环有了好感，每天必到醉瑶台吃饭，而且一定要点东坡肘子，点明要翠环亲自做给他吃。每次食后自然赞不绝口，还赏不少银子给翠环。

有一天，胡雪岩正在醉瑶台用饭，面对东坡肘子却不动筷子，只想让翠环出来，再赏她些银钱。不一会儿，翠环出来，胡雪岩十分高兴，便要赏她，却见翠环掏出一卷契纸，让他过目。

胡雪岩见是一张购买万福桥地段百余亩地的土地契约。胡雪岩知道这万福桥虽不是黄金地段，却挨着钱塘江。如今五口通商，洋人送货不断地来到这里，要不了多久，万福桥必定是很繁荣的码头，地价一涨，准能赚钱。

胡雪岩十分惊讶：一个女子，眼光如此厉害，看得比自己还远，实在难得！不由想起了自己的爱人：阳琪。她们都是这样有眼光，可惜的是阳琪却因病早已去世，失去了贤内助让他痛心不已。他看着眼前的翠环，久久才说："姑娘好眼光，令人敬佩，只是这是我送于你的银子，这地契本应归你。"

翠环正色道:"你我素昧平生,却赠与我这么多银子,胡老板挥金如土,再多银子也经不起你挥霍!"翠环说完便走,留下胡雪岩愣在一边,半天没回过神来。

经此一事,胡雪岩下定决心,一定要把翠环娶到手。

胡雪岩托人请醉瑶台谢老板出面做媒。谢老板明白胡雪岩的意思,当然很高兴。胡雪岩在杭州城是有名的富商,成全了他,自己当然有好处。

这翠环原在京城居住,父亲在恭王府家中掌厨,不慎误烹了毒蘑菇,恭亲王吃了以后,中毒得病,恭亲王一怒之下,定下个"谋杀未遂"的罪名将其父流放黑龙江珲春,最后老死在珲春。翠环为求生存,南下杭州,到醉瑶台做厨工,一晃也有10年了。她性情刚烈,许多富家子弟想娶其为妻,都被她一口回绝。谢老板见她做得一手好菜,又不是攀富求贵之人,十分喜爱她,把她当成自己的女儿看待。谢老板受人之托,在适当之时,把胡雪岩的心意说给她听。

然而翠环听后,却扔下一句话:"胡先生想娶我可以,但我必须做'大'的。"

胡雪岩一听此意,很是为难,太太是由父母作主、明媒正娶的,休了她,不正是与母亲作对,落下个"不孝"的臭名声。再说了,太太虽然差了点,但恪守妇道,并无大的过错,是同甘苦、共患难的夫妻。糟糠之妻不下堂,自己这么做,以后在官、商两界遭人耻笑,又将如何做人?思来想去,还是下不了决心这么做。

可他又不愿放下翠环。他找了这么长时间,好容易遇到这等聪慧女子,若能娶来,成为自己的帮手,不是正好吗?又怎能轻言放弃?胡雪岩还想,自己后半生事业的发展,翠环是可作自己左右手的女人,是值得自己信赖的,想来想去决定一定要娶翠环为妻!

但胡雪岩一时又不知如何是好，焦躁万分。他的朋友田世春看在眼里，他自认为自己最了解胡雪岩，胡先生有什么难处，他都明白。

田世春给他出了个好主意："这事不难，有人娶妾，害怕正室小妾争风吃醋，家中不得安宁，便想法在外另买一处住房，金屋藏娇，仍以夫妻相称，娶来的妾也穿红衣，叫作'两头大'，这样就可避免内讧。"胡雪岩得此提醒，大为高兴，他原来也娶过不少妾，只是从没这样做过。田世春的建议，就是现在所说的"重婚"，但在清代却没有人管，并不触犯王法。于是胡雪岩便传话给翠环，愿以"两头大"的方法娶翠环。

翠环本来就愿意，只是怕做小受委屈而已。她是聪明人，知道适可而止，现在见胡雪岩这么做，便应允了这门亲事。但她也有个条件，把远在黑龙江的父亲的坟墓迁回北京。胡雪岩也办到了。他派人到北京恭王府，打点上下，使恭亲王原谅了翠环父亲，奏请朝廷赦免其罪，并恢复了御厨身份。

翠环当然感动，从此死心塌地地跟着胡雪岩。胡雪岩在杭州城外选一处僻静地方，建造了一座公馆，与京城王府宅第一样豪华。为掩人耳目，取名赵公馆，假借他母亲姓氏。胡雪岩办好这一切，选好了日子，准备迎娶翠环。礼仪均按正妻待遇，穿红衣，坐花轿，戴盖头，放二十四响炮，十分体面热闹，只有胡太太还蒙在鼓里。杭州城人都知道胡财神娶有两个"正妻"，一时间杭州城议论纷纷。

要想人不知，除非己莫为。胡雪岩娶了翠环以后，见翠环长得漂亮，待人接物十分得体，每次都带翠环在生意场上应酬，向外人介绍其为"胡太太"。久而久之，生意场上的人都知道"胡财神"娶了位既漂亮、又精明能干的老婆。

身在杭州城内的胡太太没能为胡家生下儿子，只生了两个千金，心怀愧疚，对于胡雪岩"两头大"的做法，自然也不说什么。

此后，翠环登堂入室，成了胡家名副其实的"正房"，人称"罗四太太"。她知道胡雪岩喜爱美女，给胡雪岩连娶了十二房姨太太，使胡雪岩享受不尽，当然更加喜爱她。

大丈夫行事做人，切不可优柔寡断、拖拖拉拉，要当机立断、收放自如。前面说过，胡雪岩有几个女人，都因为自己的事业而放弃，实在有些绝情。这一回，他却是当机立断，娶翠环为"正房"，成为"掌印夫人"。

3. "十二金钗"

胡雪岩有十二个姨太太，个个都是由大夫人罗四太太亲自物色。罗四太太为他娶这十二个姨太太，是担心胡雪岩整日寻花问柳，只顾酒色，不但损害名誉、伤了身体，而且把生意都耽搁了。特别是，如果手下的钱庄、典当、丝号、药店的掌柜都效仿他这样的话，偌大的生意便要荒废，苦苦挣来的家业也要败落。

正因为如此，罗四太太为丈夫物色了十二个良家妇女做他的姨太太。

这第一个姨太太叫阿妹，重阳节时，胡雪岩去西子湖畔碰上了她，一眼就看上了。

重阳节那天，胡雪岩携妻子罗四太太及一丫环小梅游览西湖。他们来到断桥，胡雪岩不由得想起白蛇娘子和许仙的故事，感慨万分。他站在桥头向远处望去，忽然发现一貌美女子在湖边洗衣。只见她青丝秀发，手儿红润，穿着粉色衣裙，已近深秋，但姑娘却累得娇汗直冒。她扬手轻轻理了理眼前的刘海，不断地搓洗着衣服。这美貌女子好像浣纱西施，令胡雪岩不由得心动起来。他随即将桥面一块石子丢入湖中，只听"咚"的一声溅起了水花，少女抬头一看，忽然发现一个头戴翎子的官员正看着她，一害羞又低下了头，匆忙端起衣物走向家中，关上了门，隔断了胡雪岩的视线。原来姑娘家住在湖边的麦秸草房。胡雪岩被女子的美貌给迷住了，他希望能再见一面。然而少女再也没出来，他不得不失望地回去。罗四太太将丈夫的一举一动都看在眼里，但她并没有说话。胡雪岩游兴全无，败兴而回。

第二天，罗四太太扮成尼姑来到少女家，轻敲柴门，只见一个骨瘦如柴的老太婆出来开门。罗四太太口中念念有词，念珠在她手中移动，她说："施主，讨口水喝。"老太婆见是化缘的尼姑，让她进了屋，屋里矮小昏暗，客堂里供奉着"观音菩萨"和"妈祖"的塑像，香案桌上点着香。"阿妹，快去给师父倒碗水。"客堂里一位正在纺纱的少女站了起来。"果然是一个美貌女子！"罗四太太边喝水边拉家常，知道她家有 5 口人。两个儿子打仗时死了，老伴被西湖渔霸关起来了，只剩下母女二人。阿妹年方 17 岁，与邻村渔民周乐生自小指腹为婚，两人常常偷着会面，感情很不错，双方互换生辰，说要找个好日子成亲。哪知飞来横祸，由于阿妹出落得貌若天仙，来提亲的人踏破了门槛，都被她拒绝了。然而西湖渔霸仗势欺人，说他家儿子是太平军，老爹抗交渔税，硬是把他关了起来，另叫人捎信说，只要阿妹答应嫁给他的"白痴"儿子，便放了他爹。阿妹誓死不从。渔霸早就想来强抢，阿妹为了她爹不知怎么办好。

罗四太太听了阿妹娘的叙述，也十分伤心，临别时送了她 50 两银子，阿妹捧着银子连连称谢。罗四太太一回到家里，立即嘱咐管家给阿妹家送百两黄金。还安排人叫渔霸放了阿妹爹，同时又吩咐了管家几件事，让他去速办。

这一天午后，阿妹正在家中织布。忽然周家的人来报信说，周乐生今早溺水而死。阿妹一听，真是痛不欲生，她原本想随他轻生而去，但又舍不得年迈父母，只能独自神伤。几日后阿妹心情稍平静些，仔细想一想，渔霸又怎么会放过自己，虽然要她嫁给"白痴"，心里极不愿意，却不知如何是好。正当她一筹莫展的时候，父亲却被放回来了。阿妹赶紧给父亲生火煮饭。饭后，父亲有了精神，他问道："这么些日子渔霸来过么？"阿妹又气又急地说："他还想抢婚呢！爹，他们为什么放了你？"父亲说："渔霸告诉我有人替咱们交了钱。我不知是谁，问了多次，他们才不情愿地告诉我，说是一个叫罗四的太太替我交的钱。"父亲回来，全家人都很高兴。傍晚时分，胡雪岩的管家带着百两黄金来到阿妹家，管家说："我家太太给你们送银子来了。"阿妹全家丈二和尚摸不着头脑，不知为什么。管家说，前些日子我家太太去灵隐寺还愿，曾来你家讨水喝。母女俩这才明白，"真是大好人。"管家又说罗四太太是个好人。末了很惋惜地说："我们家太太膝下无子，偌大的家业无人继承。"阿妹娘一听也十分伤心，她问道："为什么不找个小妾传宗接代，是不是没有合适的人家？"管家急忙说道："你们家阿妹不是还未许配人家么？"阿妹娘却很无奈："这可使不得，人家是好人家，我阿妹未出嫁，未婚夫就死了，是个命苦的女子，配不上人家，当个下人还行，做小妾连想都不敢想！看来，他们的大恩大德我们只有来生再报。"管家见阿妹娘心里有意，不由高兴起来，见阿妹正满怀希望地看着自己，便说道："我回去把这事儿给我们家太太说说，天也不早，我回去了。"阿妹全家人送他到门外。

没过多久，胡家办了喜事，人们拥着一对新人胡雪岩和阿妹来到大厅。大厅正中大红"囍"字端挂墙壁，一对红烛高高燃起。新人参拜完毕被送入东楼洞房。人们喝酒吃菜，十分快乐。

经过此事胡雪岩与罗四太太感情更加好了，与新欢如胶似漆，事业也是更上一层楼。

二、营造娇楼

1. 精工细作

同治年间有一位名士，姓尹名芝，祖籍湖北，学富五车，精通六艺。他曾经是京师某个王爷门下的清客，王爷修建花园、布置绿地，皆是他一手布置。因其精巧绝伦，闻名于天下。这回浙江富翁请他来杭州修建一座大园。那园本是新造，富翁却不满意，须得重新拆造。尹芝命人把建好的亭台拆去，自己先绘起图来。尹芝费了许多心血，绘了四五种图式，但富翁总是不满意。于是，他来到了杭州的西湖，浙江人都称赞西湖为天下第一名胜。西湖到底好在哪里？听说西湖名胜数不胜数，但山林奇郁，第一当数飞来峰。

尹芝也觉得应该如此，即日便带了家童、袱被，租了小舟去往飞来峰，在云林寺借住。每日早出晚归，在前山后洞，寻找奇景，启发灵感，产生许多设想。绘出一幅幅图样，尹芝心里颇为得意。

这夜月色明亮，心里没事，来了兴致，便呼家童尹儿去到三天竺沽一壶酒来，自己抱着琴，径先往冷泉亭上凭栏小坐，呷酒弹琴，弹起《广陵散》来。

刚弹了两段，忽然有人在亭外咳嗽，停琴看时，却是一位白衣老叟，拄着拐杖，飘飘然有如神仙模样。他走进亭中，与自己笑道：

"这几日辛苦尹先生了。"

尹芝忙推琴起立道：

"多谢老丈关心，没什么。敢问老丈尊姓？"

那老者道：

“先生你不认识我吗？我姓袁。”

尹芝点点头，便也不好多问。

那袁公道：“这几日看先生在测量山前山后的形势，听说是在为人家建一座园亭，要照此仿造是不是啊？”

尹芝道：

“是。”

袁公笑道：

“却不知是为何人？”

尹芝道：

“老先生难道不知道么？他可是当今第一富商。现在又受圣上恩赐，实在是无人能比。若说他姓什么，连孺子妇人也都知道的。”

袁公笑道：

“这人到底是谁，有这等的权势威望？”

尹芝伸一个指头道：

“此人便是胡雪岩。当日国家收还伊犁，俄国人又狡猾，关内外营防又缺粮饷，协借迫不及待，旋又议给伊犁守费，筹饷实在是困难。而当时陕、豫等省却遇荒旱，西征之饷十分困难，只好经胡公之手措借洋款，一次就有二百五十余万之巨，蒙圣恩予以极品，赐黄马褂入朝。还在钱江义渡难民局，做了许多好事。凡浙江大的善举，都有他参与，所以闻名于天下。人们都十分信任胡雪岩，把金银都交给他收储，迄今凡十又八省，各省皆设有金银等号，即使石崇、邓通再世也比不过他。”

袁公听罢，不禁呵呵大笑起来道：

“原来先生只知其来历如此！实话对你讲，此人本来与我是好友，但眼下移气养体，早就不比往昔了。土木经年，宅第埒于王侯，朝野风气未开，人怎么能争得过天呢？虽然他在激烈的商战中得以立足，但并不明白经商的学问，只是凭着天生的宿根。要与外人争胜，切记不要骄奢顽固，否则遭遇灾祸，盛极必衰，弹指之间，什么都没了，先生不但不提醒于他，反而要为他修建园亭，先生差矣！”

尹芝听说，不禁愕然道：

“话虽这样说，他现在正如日中天，我又怎能用冷水浇醒他呢？”

袁公笑道：

“先生不信，待后日便知晓。”

说罢，拄着拐杖要走。

尹芝忙一把扯住道：

“老丈你说该怎么办？”

袁公道：

“咴，你们都在做黄粱美梦，还问我什么？”

言罢狂笑一声，竟化为白猿而去。尹芝惊呆了，直到尹儿打酒回来，这才缓过神。四下一看，明月挂在空中，周围无人，树影婆娑，只听到瀑布声，但刚才发生的，却好像还在眼前。

这时已经是半夜了，远听寺钟已打百八。尹芝害怕再遇到什么鬼怪，便抱琴携酒回到寺院去了。坐下细想一番，不禁说道：“算了，既然不能做到，我还不如退休，免得受人讥笑。明日就此起身，还做我的王侯清客罢了。”转念又一想：“我让他把新造的亭台都拆了，如今我不替他监造起来，可也没得这理。”想着又为难起来。

这时，他忽然想到，自己昔年在此曾有一位好友，姓魏字实甫，住在湖墅，他也是修亭建园的高手，他就推荐他做此事。

主意定了，第二天一大早，他便叫尹儿收拾起琴樽书剑，回到杭州城，见了雪岩，先将绘图呈上。

胡雪岩看了大喜，说：

“先生奇才，照此图而造，实在是别有洞天啊！”

接着，尹芝借口自己要回乡探问母亲病况，要走了，有了图纸，有一个监造之人就行了，因把魏实甫保荐了上去。胡雪岩见留不住他，只好同意，款待了他一天。

当晚尹芝写了一封书信，请魏实甫来。

魏实甫应时来胡府，在管家的带领下，转入厅后。见迎面居中朝南一个极大墙门，两边都有备巷，均有小小的两座石库便门，西面又是一座大墙门，再往里看是一带回廊甬道，东面是一座月洞门，上面榜着"芝园"二字，说话间便已走进。

魏实甫进来后，见尹芝正等候在那儿。两人互相问好，说了一会儿，魏实甫这才定下神来，尹芝切入正题：

"我这次是帮胡先生修建亭园，因这假山修得不好，大池又贮不满水，虽说还算牢固，不过这山却是没一点空灵奇气，所以我到飞来峰，把那里的景象绘成一图，想让您代我监造，您先看看图纸如何？"

说着，他转身回房，从文具内抽出一幅素绢画的卷子来。

魏实甫接来看时，果然是一片好山，形状奇特，注重亩弓地位，洞窟高低，大小尺寸，一线天、百狮洞这样的美景都在其中，不由得拍手称奇。

刚说着，听有人在门口报道：

"大老爷来了。"

尹芝低声对魏实甫说道：

"此人就是胡雪岩。"

实甫便心里动了两下，两人站起来恭候胡雪岩。只见窗外游廊上蹀进一个人来，果然好一副模样：相貌堂堂，身体肥胖，两道浓眉，一张方脸，只下颌略尖些，却有一部好髭须盖住，精神颇足，双目灼灼有光；那身上衣服，却并不华丽。一个俊俏可爱、眉清目秀的小丫头跟在后面，一手提着一支烟袋，一手执一柄轻罗小扇，紧跟着也进来了。

两人迎上前去，胡雪岩满面笑容道：

"魏先生到了？"

眼光转到实甫身上，道：

"可是这位？"

实甫忙退一步道：

"实甫向您见礼了。"

说着便待侧身拜下，却被胡雪岩拦住不让。

三人分宾主先后坐定，小厮送上茶来，分头摆好。那小丫头站在胡雪岩身旁，将那小扇儿轻轻地扇着，那一双俏眼，却似含情凝睇一般，颇不自胜。

实甫看着发呆，只听胡雪岩问道：

"尹先生画的那幅山图，想必先生看过，如今要照此建造起来，要多少时日？"

魏实甫道：

"只要工匠人手够，石料一应俱全，五十天便可完成。"

胡雪岩点头，道：

"要多少工匠啊？"

魏实甫道：

"一百二十人差不多，先以十人一圈，五天捣和枭浆，等把这些准备好了，随后即分四十人搬运石料。此图共有洞壑四处，最好能聘请胸有丘壑者四人，分监一处，每一处派工匠廿名，大约五日便可完成一洞。合力计之，二十日四洞俱成，再留十天，以备改进。若不用改进，就让他们休息十天，余十天以便结顶。但此山形势颇高，工匠难免死伤，结顶的时候，已不用运石了，即以运石之四十人也加入进去，才不致于耽误了工期。"

尹芝道：

"工匠太多，怕有人浑水摸鱼，只怕百二十人中只六十人可以用呢。"

魏实甫道：

161

"这也不难，发给工匠工资，一概不许先支后领，每天干完活再发工资。在园门口放一张八尺高凳，每散一班十二人，将十二人工资排列凳上，让他们自己取，不能代领。有自取不到的年轻学徒，辞退便是。"

尹芝不禁大笑起来道：

"确实是个好办法，但身矮手短之人便委屈了。"

实甫道：

"这只是挑选人才的方法，身矮手短者，做起活来没有能力，当然要辞退。他一次取不到工资，下次自己也就走了。"

胡雪岩一面吸着烟，一面听着，不由哈哈大笑道：

"好极了，果然是名不虚传啊！明日便传总管进来，要用什么您只管吩咐便是，以便早日开工。"

魏实甫便答应下来。

这时天快黑了，早有三四个家人各捧着一具大长木盘，中间摆满了各色洋灯芯子，都点着了火，四五个小厮都手提着绿油小老虎凳，踩在凳上，把放檐灯之处都摆上这些洋灯。一霎时，整个园子灯火通明。

三人又谈了一会儿，便有三个小厮掌着羊角风灯进来，说是大花厅已摆好宴席，请入席去。于是胡雪岩携两人前往，命小丫头添掌一灯照着，到大花厅饮酒去了。

却说魏实甫自入胡府之后，尹芝便回京去了。魏实甫便负责开工。此外，胡雪岩又请来了冯凝、程欢、蔡蓉庄三位清客，又给四洞起了名字，一曰"滴翠"，一曰"颦黛"，一曰"皱青"，一曰"悬碧"，各人负责一洞。魏实甫当日虽说得容易，但要五十天完工却十分困难。再加上这位胡大先生的心思又活，才造好了一处，立即请人鉴赏。不满意者，立刻叫人拆去，再行改造。一定要都满意，方才算了。工人死伤众多，幸亏这位胡大先生有钱，善后的事也做得妥当，因此那些工匠也算尽心尽力。但要造好这样的园子，当然要费些时日。

2. 名士题眉

过了许多时日，那座神工鬼斧的假山落成，总管报上信去。一时传话下来，让工人先退出来等候嘉奖，定于明日在大花园上设宴，酬谢四位师傅。并着总管把园子内外各处打扫干净，收拾妥当，以便请客赏鉴题标。一面命家人发帖出去，只请些名士高人，不请官宦。

只因官宦场中学识高者不多，邀了来不过是请他吃杯酒，讲讲恭维的话，题字命名他们可不行。胡雪岩虽是个不解文墨的富翁，却了解这些人，所以单请那些骚人名士来。

第二天一大早，诸名士俱陆续到齐，胡雪岩还没起床，便派他三个兄弟出来陪话。那些名士也知道自己是来干什么的，吃了席，便都打叠腹稿，唤两个抄吏备纸笔伺候。众人出了大厅，先向各处游玩一番，也好看看大局，再拿主意。遂从园门口看起，见入门第一处是个四方半亭，两头是抄手游廊，向南去是一带随山势渐高的游廊，沿着游廊向上去便是新造的假山，向北游廊上转去，却是一座小小的暗阁，便题了个"绿暗瑶厢"的小额。

出来向东走去，便是大花厅的后轩，在后轩的天井里也造了一座假山，上面有数株石笋，假山石做的峭壁作为靠西边的墙，上面嵌着一块六尺多高的秋叶式石碑。

程欢介绍道：

"新开的门，通里面正院的翻轩。外左厢藏春亭，那亭子是新盖起的，也是因这门露出来十分难看，就用五色玻璃门窗遮蔽过去，这也不好弄，所以做了这块假碑。"

众人都道：

"实在是巧妙！"

说着，蔡蓉庄上来，众人沿着东边的花墙洞门走出去。

接着是一道夹廊，从大花厅前面石台下六角井边起直接过来，在墙上开了一座洞门。一所朝南的大三间西洋式的楼厅映入眼帘，天井里的花木扶疏，左首墙角盖了一座半圆亭子，装满朱红栅子，里面关着一双金翠孔雀，就是前儿德藩台送的，众人起了个"锁春院"的名字。

出来以后，从游廊上向东进入一个小门。尹芝以前在这里住过，天井对面花墙上新开了一座月洞，往里一瞧，却也添造了一座半圆亭角，可以摆一桌酒席，补种几株芭蕉，还有一对鹤在那里叫着。众人便拟了个"绿梦亭"，把尹芝住过的地方叫作"洗秋院"。

从"洗秋院"出来，仍沿那游廊向南走去，却是一面弯弯曲曲的花墙。即使是洗秋院和绿梦亭的围墙外面，也都造了回廊，一直延伸至假山上。山的半中间高处，一座亭角突现在外，亭外面一座牌楼，有些西湖上"日月光华"的神气，因题了"水木湛华"四字。

再上去，便是山顶的第一处建筑，是一座三间楼阁，靠山口凌空架出一座月台，用青石亭柱从平地撑起，望下去十分险峻，众人连连叫好，因此便将这台叫作"扑凉台"，把楼阁叫作"冷香院"。

向东进一重月洞门，是一所三开间正厅，四面都是石栏，从这里望下去正好看到延碧堂。那边的飞楼画阁，碧槛红窗，都隐约在花丛树梢之间，十分漂亮，众人因题这处叫作"荟锦堂"。

冯凝上前道：

"这上面还有三层楼阁，还须麻烦各位。"

蔡蓉庄道：

"荟锦堂后面下去便是悬碧洞，还有一所镜槛，也要起个名字。"

魏实甫也指着东首垂花门道：

"那边也有一座镜槛，后面下去是皱青洞，也须题额。"

众人见这么多的好地方，因笑道：

"且待把这些院子题完了，再去下面的山洞游玩，如今先上这楼去看看。"

　　冯凝听说，便忙去开了中间的落地风窗进去，正中央是一座云石镶嵌的大十景榻子，形成一幅山水美图。转过榻子，后面是一所翻轩，低窗绣槛，十分精细，看来看去，却没找到楼梯。众人便要问，冯凝已随手推开那十景榻子横面一块嵌云石的门，这才现出楼梯。原来这榻子有夹层，把楼梯隐藏起来。

　　上得楼梯不多步，便是第二层楼，看那楼板却都是用磨砖砌成的，四面绕着赶台栏杆，都是用红砖琢出空心花儿的。向赶台上一望，满园美景，上房楼院尽收眼底。高而无顶的是座晒台，高顶而圆的是亭子，位于东南边的一座大楼，飞檐四起，碧瓦盖顶，层层相映，四面楼栏又有不同。这时蔡蓉庄指着那楼道：

　　"这是在下负责建造的百狮楼，是东太太住的地方。主人吩咐要与众不同，所以想出用一百个紫檀磨成的狮子，用黄金做了眼睛，装做栏杆，便觉光彩四射，十分高贵华丽。"

　　众人都赞好极，起了个好名字"蹑云"。

　　再上第三层看时，那满园的景致却隐在树木之中，只能看到远景，如湖墅、江干、吴山、西湖等处，都能尽收眼底。正是十一月初旬天气，起了一阵风，把人的衣裙都倒吹起来，仿佛人要乘风而去，便取这楼名叫作"御风楼"。

　　从楼上下来，就从刚才魏实甫指的东首垂花门进去，看是一所横长的精舍，落地风扇放在中央，两旁却是和合低窗，用紫檀打成葵花榻子，嵌着五色玻璃，花结子用黄杨木嵌成。那窗臼都是用云铜铸成半个香炉式的样子，用大螺蛳镟在上面，古香古色。那窗槛踢脚却用紫檀独块板，雕空成五云捧月的花样，用云石嵌在里面，精巧别致。再往里面，中间也不用分间，两边云石砌墙，嵌了两大块八尺多阔，五分多厚的金边大镜，这是英国的一位钦使送的。两面镜光互相照应，十分好看。再居中悬着一架十三层的水法塔灯，由日本而来，府里共有三十余架，因地方大了，并不惹人注意，此地有了这两面镜子相映，便显出它独特好看的一面。何况这灯又全是湖色洋瓷描金花的，六角挑起水法龙条，上面擎着灯，下面坠着瓷做的檐铎，风一吹便琳琅作响，比皇宫后院还漂亮。众人连连称奇，便题了个"影怜院"三字。

走出前天井，向循山游廊上走去，魏实甫道：

"从那里下去，便是园门口出去的岔路了，看完了山上的楼阁，我们从后面下去，到各洞品题去。"

于是众人都跟着魏实甫穿过"影怜院"和假山洞，便由山坡转了几道弯，直下山去。两边都有造型精巧的栏杆扶手，中心用铁杆做成，用五色彩瓷做了竹节式的，烧着长短不一的样子，再也不能移截一点。只要不打碎，便经一百年也不会霉烂。

下了山，走几步，便是平地。

抬头看那山洞，可有二丈多宽，三丈多高，结顶的山石形态各异，狮象、人物、凤凰、鬼怪，仿佛是真的一样。一块块都是凌空扑出，好像要掉下来，其实十分结实，五丁去开一时也开不下来。

众人都交口称赞，因道：

"的确是巧夺天工，但这许多奇石，又从哪儿来的呢？"

蔡蓉庄道：

"这里四洞的石子来自各处，这悬碧洞的石头是从贡院西桥赵文华的祠堂里买来的，那顶上面石额上的'绿天'两字，是天然生成的！"

大家抬头一看，见顶上面一个小孔，和一线天相似，旁边有一块平石，平石上显出"绿天"两字，大家都啧啧称奇。

蔡蓉庄又道：

"夏日在此避暑最好，所用的石桌凳已由专人去宜兴用紫砂定烧去了。"

正说着，见小厮跑进来道："快些，老爷来了！"众人忙出洞迎接。

众人急忙迎出洞去，见两个小厮扶着胡雪岩缓缓走来。他一面走着，一面看。那座石桥是盖在水面的，两边没有扶栏，曲曲折折直入洞中。上面那假山石都做得奇形怪状直扑下来，离桥面只有一人多高，下面一泓清水映着山石，十分清澈。胡雪岩一看有这么多文人雅士迎接他，仿佛自己是仙境主人一般，十分惬意。与众人见来，谈笑之间，山洞回声不断。问蔡蓉庄道：

"这洞便叫作'悬碧'吧？"

蓉庄连忙答道：

"不是'悬碧'，此处叫'皱青洞'。"

诸名士都道：

"'皱青'两字实在妙不可言。"

于是胡雪岩让蔡蓉庄带领，从右首石道上转去，到了刚才蔡蓉庄指点有那"绿天"两字的"悬碧洞"。雪岩看了一遍，十分满意。蔡蓉庄和魏实甫、程欢、冯凝看主人满意，心里自然得意。

向西首山嘴里转去，见鸟道暗处开着一井，四边围着石栏，效仿方池的样子，却用一支铜管，一头接入井内，一头从山壁上直盘上去，看不出是做什么用的。

胡雪岩转过头问蔡蓉庄，可他没说话，径引着转出鸟道，便看见一个奇壑擘成的大洞，四面峭壁嵌满了碑迹，顶上面都有石乳累累下坠，泉水一滴滴从石乳上渗下，水声悦耳，众人这才明白铜管的用处，是根据过山龙的式样仿制的，便问道：

"这就是所谓的滴翠吧？"

蔡蓉庄连连点头。

胡雪岩一边点头一边说：

"真是鬼斧神工啊！"

再转入西去，便是一段漆黑的暗道，走五六步，转过一角，一丝光线从顶上射进来。迎面石扉掩映，蔡蓉庄上前开了，顿感别有洞天。靠西危岩下又建了一所半边跌角的楼阁。那楼却直穿石洞而上，根本看不见楼顶，下面立脚是青石凿成的平台，由红色栏杆所围。狭长式的窗榍嵌着一色蓝玻璃，仿佛神仙炼丹用的丹房。一株六尺多高的珊瑚树种在阶梯下，满洞宝气弥漫，还有一只白鹤，见有人来，便躲到山石背后。蔡蓉庄提早上前打开阁门，众人打眼望去，见那阁子却又是四面开门的了。那面也有一株珊瑚树，高低一般，阶下也很宽敞，也是一群人、一只鹤。进入楼阁里面，方才明白，原来这阁子的两面墙壁就是两块镜砖，把前面的栏杆山石树木门窗都照了下来，仿佛在四面墙上都开了窗。看那山色，越发显得黛绿相映，好像新化妆的美女。因名这洞叫作"颦黛"，这阁便名作"镜槛"。

胡雪岩前前后后赏鉴了一回，想起隋炀帝的乌铜镜屏的艳事，便不禁心神荡漾，因道："这园美景数不胜数。"又问："这楼通向哪儿？"

蔡蓉庄道："通冷香院的后轩平地。再往前走便通'水木湛华'的游廊。"

胡雪岩问游过的几处都起的什么名字，两个抄吏立即呈上册底。胡雪岩接来看时，都是以"院"来命名的，如隋炀帝的十六院一般，暗自一算，果然自己也是有十六所院子，恰似一座迷楼。这其中太太的百狮楼更是五花八门、曲折无穷，可谓费尽心机了。想到此处，不觉一手拈着髭须，笑容满面，立即吩咐小厮传下话去：

"午席便在这里开下一桌，冷香院一桌，余下的在荟锦堂、影怜院两处摆开罢了。"

众小厮连忙答应，便去准备。

起好了名字，胡雪岩甚是得意。因那镜槛造得有趣，心中又十分羡慕隋朝的迷楼。一日，想到住宅里的楼屋是处处皆通的走马楼，地方曲折又多，比得上那迷楼，便叫各位姨太太一律搬上楼去住了，让儿女住到平地院子里去。主意定了，便开下单子来给各房看，安排得十分妥当：

大小姐和二小姐住红芸院

三小姐和四小姐住凝香院

五小姐住澄碧轩

二房住安吉院

二房两位小姐住春晖院

二房大少爷和二少爷住古香院

二房三位小少爷住后面藏翠轩

三房和一位小姐住对薇轩

三房两位少爷住左边带青山馆

四房住碧梧院

小姐住绮红轩

本房大少爷住静绿轩

本房二少爷和三少爷住红药山房

发下条子，各房丫头拿着指令，各自分头照办去了。

且说那些楼，都起好了名字，很容易辨认。胡雪岩害怕因为地方宽窄不同，远近不一，各房势必要争一番，因此派下一单：

戴姨太太住红芸院软尘楼

太太住凝香院之梦香楼

宋娘子住澄碧轩之麝月楼

朱姨太太住春晖院之花影楼

倪姨太太住古香院之攀桂楼

兰姨太太住藏翠轩之玉笙楼

顾姨太太住对薇轩之醉春楼

周姨太太住带青山馆之扑翠楼

福建姨太太住碧梧院之秋声楼

苏州姨太太住绮红轩之听莺楼

小扬州住静绿轩之琴梦楼

大扬州住红药山房之宝香楼

第十章　做天下生意

一、视女如货

　　胡雪岩作为一个商人，自然极重利益。在他眼里，再好的女人也比不上利益。钱能买到一切，生意场上最重要的是有钱。即使他娶了12房姨太太之后，还是爱去寻花问柳。有天晚上，胡雪岩在怡春院为争一个叫李翠喜的妓女，和一个素不相识的黑脸大汉闹翻了脸。

　　两个男人怒目相向，互不退让，鸨母也不知劝谁是好。恰在这时，走进一个男人，看见此情当场大笑。此人便是上海金行老板童德元，是胡雪岩商场上的老朋友。黑脸大汉也认识童德元，忙打招呼。经童老板一说，才知道黑脸大汉是河北恒林货栈的老板孙明伦。生意场中人最怕别人说他贪酒贪色，童德元与孙明伦本是朋友，约好了今晚来这里快活快活。孙明伦是北方人，自然知道李翠喜的艳名，对她一见倾情，就想拥为己有。童德元明知胡雪岩专宠李翠喜，但只要是妓女谁都能找，胡雪岩又常待在上海，李翠喜自然要接别的客人。于是便让孙明伦出钱包了她，谁知偏偏撞上了，童德元很不好意思。胡雪岩却冲他一笑，说："咱们不打不相识！"

众人一笑，这事就算过去了。

于是鸨母急忙掌灯开宴，摆一桌佳肴，三人坐定，你来我往地就喝上了，刚才的不快早就忘得一干二净。

今晚偶遇孙明伦，胡雪岩当然高兴。阜康钱庄分店遍布东南，甚至开到了湖南长沙，实力实在雄厚。然而，若谈到钱财，他还远在"孙半天"之下，充其量不过是苏杭地方的土财主，要想做中国真正的富商，自然要把事业向北方拓展。

河北地处京畿范围，在朝廷的控制之下，钱多、官多、信息又灵，机会自然不少。胡雪岩早就想在那儿开钱庄了。无奈河北商界强手太多，"陕西帮""山西帮""齐鲁帮"等商家派系经营多年，各自都有自己的势力范围，南方人想进入是难上加难。"孙半天"系河北人士，家族庞大，根基深厚，能与他搞好关系，以后生意上的事自然好办。

在杯酒谈笑之间，胡雪岩便有了想法，决心讨好孙明伦，与他共图大业。但因为刚才的不快，孙明伦只是做些表面文章，还两眼不时朝隔壁厢房望去，有恋恋不舍之意。胡雪岩见状，便明白了孙明伦原来是个好色之徒。对付这种人是胡雪岩的拿手好戏，他便开门见山地说，自愿把李姑娘让给孙明伦。

孙明伦听了大为高兴，十分感激胡雪岩，于是开怀畅饮，酒后吐真言，不慎露了生意上的机密。原来他刚刚谈成一笔上百万银子的生意，忙着回家筹款交割，否则过期违约，生意自然做不成，所以今晚就想放松放松……

胡雪岩了解孙明伦的心思，但他想的却是孙明伦的生意。上百万银子的生意，若以两分利润计，则有20多万银子的利润，这样一笔大生意要是给自己就好了。想到这里，他不动声色，便将话题一转，说杭州的美女众多且个个都是绝色，孙明伦听了春心大动，便求胡雪岩带他去杭州。

童德元见胡雪岩这么一说，便明白他有什么想法。于是就顺水推舟，也劝孙明伦去杭州住上几天。孙明伦觉得还有时间，便跟胡雪岩商定下行期。

胡雪岩一离开怡春院，回到寓所，便叫来一名心腹伙计，让伙计先回杭州安排去了。

第二天，孙明伦和胡雪岩坐小火轮赶往杭州。胡雪岩一路陪他消遣，闭口不谈生意事，还和几个朋友陪他打牌。这一天，孙明伦手风很正，赢了不少钱，自然高兴。不知不觉，船到杭州，俩人立刻被接到胡宅。

初次到胡雪岩家，为拜见胡老太太，孙明伦在路上买了些礼品。胡雪岩也为了表示亲近，把孙明伦当成亲人看待，叫出胡太太和两个女儿和孙明伦见面。孙明伦见胡雪岩把自己当兄弟看待，还要太太和女儿出面相见，自然十分感动。胡太太进客厅见客人时，孙明伦有些不好意思，满脸通红，急忙还礼。胡太太身后两个女儿荷花、荷珠也趋步上前，叫声："孙叔叔！"

孙明伦看了一眼，好像中了魔法，愣在那儿，眼珠一转也不转。

胡雪岩的两个女儿，一个十六、一个十四，都出落得亭亭玉立，是标准的美人胚子。姐姐荷花，冰肌玉骨、芳香袭人，一对水汪汪的大眼如两汪清泉，撩人心扉，樱桃小口发出的声音更是摄人魂魄。孙明伦暗暗惊叹："遇过这么多风尘女子，竟不知道天下有如此美人儿。"

两个女儿见过客人便回避了。孙明伦还呆立着，半晌未回过神来，眼光一直跟着她们。胡雪岩轻轻咳了一声，孙明伦才回过神来，忙掩饰窘态道："雪岩老弟好福气，有如此好的女儿！"

原来孙明伦也有30多了，却从未婚娶。原来从小订了娃娃亲，成年后待要成亲，女方却突然得病死了。测字先生算孙明伦八字冲，命中克妻，让他晚些婚娶。孙明伦乐得成天寻花问柳，自由自在，也不着急自己的婚事。这些事，胡雪岩早已从童德元那里打听到了。

胡雪岩见他如此，并不说明，只是顾左右而言他。待安顿好孙明伦后，胡雪岩才去找太太商量。

一见面，胡太太便说此人不规矩，怪他交友不慎。

胡雪岩并没有把太太的话放在心上。他心里想，眼下最要紧的是让孙明伦高兴，找准了时机再提亲。若这门亲事成了，孙老板那笔百万两银子的买卖自然是他的了。

一连几日，胡雪岩带着孙明伦游西湖山水，漫步白堤，去西泠凭吊南齐名妓苏小小墓，到葛岭探访仙人葛洪的遗迹。夜夜出入青楼妓院，丝毫没有回去的意思。胡雪岩看在眼里，喜在心头，更下功夫，竭力讨他欢心。

一日，二人从醉春院尽兴而归，孙明伦执意要请胡雪岩到味腴楼喝酒，以致谢意。胡雪岩不好推辞，两人一同去了楼上。他们临窗而坐，凭窗远眺，见远山含黛、湖光潋滟、景色宜人。孙明伦感慨道："上有天堂，下有苏杭，我看杭州比天堂还美。"

胡雪岩故意说道："明伦兄不是还有大生意要做，怎能沉迷山水中，不想回去了呢？"

孙明伦叹道："我当然想回去，但我还无缘认识此地一绝色佳人，故而不甘心就此离去。"

胡雪岩问："谁家姑娘惹得你如此失魂落魄，你不妨说出，在下愿助你一臂之力，一定让老弟如愿以偿。"

孙明伦却迟疑不肯说出，胡雪岩当然明白，只是不好当面说出。便旁敲侧引道："杭州姑娘看重面子，明伦兄看上谁，可到西门麻蓬桥下求做媒的李大妈，让她替你说个媒，娶了那姑娘。李大妈伶牙俐齿，专替官宦富豪人家拉线做媒，杭州大家的女儿，她个个都熟，明伦兄只要舍得花钱，准能成事。"

经胡雪岩一说，孙明伦茅塞顿开。刚喝完酒，孙明伦便坐不住了，借口有事先走了。胡雪岩看他雇了轿子，直奔麻蓬桥，高兴地大笑起来。

正如胡雪岩所料，不到两个时辰，李大妈来到胡宅提亲，胡太太一开始还犹豫，并不敢答应。李大妈命人送上聘礼，计有绸缎 100 匹、金元宝 50 锭、上好花雕 10 坛，一看便是富有人家。胡太太一见，便不好多说。

一切都在胡雪岩意料之中，商定好了亲事，又考虑到孙明伦一个人行商在外，也讲究不了很多，便一切从简。

孙明伦特意在杭州购下一处大宅院当作新房，日后来杭州也有了住处。新婚之夜，孙明伦洞房花烛，十分高兴。胡雪岩果然神机妙算。

过了三日，胡雪岩借空请孙明伦到他书房。此时两人已是翁婿身份。孙明伦恭敬道："岳丈大人有何见教？"

胡雪岩问："你耽搁多日，那笔生意如何啊？"

孙明伦直摇头："原本谈妥 10 日之内付现银，现在早过去了，生意也丢了。"

胡雪岩道："我们现在是一家人，不如我做这笔生意吧。"

孙明伦道："此事甚好，岳丈有意到北方发展，小婿一定全力支持。"

没过几年，阜康钱庄向京、津扩展，在北方设立了若干分号。阜康的银票得到了京城贵官名流的信任，阜康钱庄跻身于中国一流钱庄之列。

有人宁可牡丹花下死，有人视红颜为粪土。胡雪岩当然便是后者。对待女人，他首先想到的就是自己的利益。他拿女人当筹码，不惜把爱妾让给别人；他把女人当商品，不惜把爱女嫁入豪门……

正所谓"商人重利轻别离",胡雪岩在这一点表现得淋漓尽致。

二、击败同行

前面说了胡雪岩用高明的手法来提高自己的名气。不但如此,他扩展自己的地盘也是一等一的好手。其中,在福州马尾湾击败卢俊辉的元昌盛钱庄,把马尾港码头据为己有,就是典型的一例。

座落在福州马尾湾岸边的元昌盛钱庄,依山靠水,面临大海。海港、渔船十分密集。渔民们打渔归来,在港内泊船、起鱼、添加淡水,还要在此买些生活用品以及燃料,马尾湾也渐渐形成大集市。岸上的鱼商,便守在港边,花大笔的钱低价收购渔民的鱼,再运往市场和别处卖。马尾湾是天然深水良港,福建水师也选此地驻扎。沿海港数十里,上百艘各式战船停泊在此。新式的铁甲船、老式的箭楼船、小火轮,各式各样的船是应有尽有。水师几万官兵的吃穿、开销十分可观,都是在这港湾周围消费掉。

港湾周围便是马尾造船厂,这表明清廷的现代化造船事业正艰难地发展起来。而军火工业的老大,江南制造局也在每天试弹,这一切都是靠钱发展起来的。福州人民都认为马尾湾是财富的汇聚之处。对生意人来说,也无疑是绝好的黄金口岸。如果能在此干下一番事业,自然说明你有地位有信誉。沿岸许多商家都经历过残酷的竞争,有成功的,有失败的。谁能在马尾湾打下基业,同行便更加尊敬他,而老字号的店铺尤其如此。

在马尾湾有名的老字号当中便有元昌盛钱庄,那门面上方微微暗淡布满灰尘的元昌盛三个鎏金大字,铺面斑驳剥落的土漆木柱都说明了历史的久远。店内一字儿排开的柜台已变得油红发亮、光鉴照人，更是祖传的物件。福州的一些老人一定还记得，当年马尾湾纯粹是民间渔港，渔船少，做生意的人更少，十分清冷。元昌盛便在这样的情况下开张了。在城里钱庄同行不屑的眼光中，元昌盛只是做些渔民的小生意，生意好不到哪去。但没有人想到，马尾湾后来有了造船厂、机器局、水师，一夜之间成了商家必争之地，成为江南有名的工业基地。

元昌盛钱庄的第一代老板龚春和是个很有眼光的人。他原是沿海打家劫舍的海盗头子之一，经常出没于海上和海边码头，对海情自然不陌生。当龚春和通过打劫获得一笔不义之财后，便开始考虑金盆洗手，为自己的后半生着想。他决意在马尾湾开个钱庄。马尾湾是深水良港，船只停泊量很大，有了船只来往，岸上便繁荣兴旺、财源茂盛。龚春和早就看出这一点。马尾港背靠福建省城，对着最佳商业水道，条件得天独厚，早晚都要兴旺起来。于是龚春和携带巨款，从海盗摇身变成了商人，在马尾湾岸上开办了元昌盛钱庄。说起来这已是咸丰初年的事儿了。

龚春和前几年生意并不好，由于清廷的洋务政策还没开始执行，他还没见到繁荣的马尾港，便撒手西去，把家业交给儿子龚振康。龚振康接管钱庄后，马尾港也渐渐繁荣起来，他抓住机会，元昌盛经过一番打拼，资金财力得到空前发展，成为福州地面首屈一指的大钱庄。这时，钱庄同行才明白了龚春和的远见，推举龚振康做了同行业的首领，元昌盛从此便领导各大钱庄。

龚振康的事业如日中天，他踌躇满志，十分得意，在福州钱庄同行中更加傲慢和不可一世。但老天给他开了个玩笑，事业上一帆风顺的龚振康，到了50多岁，仍膝下无儿，只有一个女儿叫龚玉娇。龚振康遍访名医，可他老婆就是没能为他添丁。无奈，龚振康连娶了八个貌美如花的小妾，个个都是生男孩的面相，但也未能生个半儿一女。有人就说，龚振康喜嫖娼，生了黄梅大疮，早就不能生了，妒嫉者自然高兴。不孝有三，无后为大。偌大家业，没有人来继承，钱庄早晚是别人的。元昌盛的气数将尽了。

龚振康见生不了儿子，只好精心调教独生女儿，要让她来继承祖业。龚玉娇到底是个女人家，生在富贵之家，过惯了娇贵的生活，没有半点继承家业、拼搏商场的竞争意识，心里也不喜欢这钱庄生意上的事。虽然每日按照父亲的要求到柜台，学习钱庄生意业务，却只想看有没有俊俏的后生。

龚玉娇正当妙龄，春心萌动，情窦渐开。平时喜读《红楼梦》《西厢记》这些描写爱情的书，自然熟知儿女风情，也早想亲身体味。现在父亲让她出来学做生意，正好抓住这个机会。

坐了几天柜台，龚玉娇对账务生意并无兴趣，却与店内一个叫卢俊辉的伙计好上了。

没过多长时间，龚玉娇怀上了身孕。父亲龚振康知道了原委，迫于无奈，也只能把卢俊辉招为上门女婿，让他帮女儿管钱庄，打点业务。

龚振康去世之后，卢俊辉做了元昌盛档手，夫人不懂钱庄业务，卢俊辉事事当家作主，自然而然成为元昌盛钱庄老板。他血气方刚，年轻气盛，读的书又不多，凭借钱庄财力，在同行中颐指气使，不可一世，引起伙计妒恨，同行中没有一个说他好的。

有一天，福州钱庄同业公会照例召开，卢俊辉代替龚玉娇前去聚会。龚振康在世是公会会首，众人看在他的面子上，也让卢俊辉做了会首。

福建抚院给钱庄公会下文，朝廷新发行的京票由各钱庄分摊。京票是清廷为弥补国库空虚而暂时发行的，也就是现在"增印钞票"。朝廷将京票依照一定的比例让各省分摊，并要求各省钱庄备齐银子，使京票能通兑现银，保持京票的信用。说到底，京票相当于派给钱庄的税金。朝廷分给福建 200 万两银子的京票，钱庄同业公会要求各钱庄依据实力强弱自己分摊。

这等于把银子往火坑里扔，钱庄老板当然个个都不情愿。

卢俊辉既然是会长，理应以身作则，率先认报，起个带头作用。但他不愿吃亏，想找个人来认这第一笔银票。通常情况下，第一个报数者不能报少了，否则其余的人难以出口，所以第一个最吃亏。卢俊辉瞧上胡雪岩。于是，他对胡雪岩拱手，要胡雪岩认报 20 万京票。

胡雪岩当然不愿意，自己的分号也就 10 万存银，又怎么能报 20 万？到时不能兑现，这可是得罪朝廷的大罪名。他想了一想，想了一个妙计，他说："若会长能认报 50 万两，我一定认报 20 万。"反戈一击，打得卢俊辉无话可说。元昌盛流动资金不过六七十万，50 万是不敢认报的。

但钱庄同行们都帮胡雪岩说话，卢老板身为会首，应当带头。

卢俊辉哑巴吃黄莲，有苦说不出，只好认报了 20 万。他吃了大亏，对胡雪岩更是怀恨在心。

回到钱庄，卢俊辉想了又想，是胡雪岩让他白白受了损失，便决心找个机会报复阜康分号。按照行规，各家发出的银票可以相互兑现，共保信誉。除非某家钱庄要破产关门，大家才能拒收这家钱庄的银票，以免造成损失。

卢俊辉为了打击胡雪岩，把同行的规矩置之度外，决定单独拒收阜康的银票，好让胡雪岩的信用扫地。卢俊辉认为，阜康在此是新开张，趁它还没站稳，福州人都不了解的时候，用此计打败他。

第二天，元昌盛一开门，恰巧有位茶商持一张 5000 两的阜康银票到柜上要求兑换现银。卢俊辉听后，故意拿银票看了很久，说不能收此银票。

茶商十分惊讶，卢俊辉解释道："这两年阜康信用不佳，我们要防着点。"

茶商只好拿着银票走了。听说福州新设了阜康分号，便去问个明白。

胡雪岩正在店内料理业务，忽听外面有吵闹声。出去一看，见茶商挥舞一张阜康的银票，要找老板评理。胡雪岩吃了一惊，忙将茶商请入内室，倒上好茶，热情招待。二人坐定之后，胡雪岩忙向茶商问明缘由。茶商把事情一说，胡雪岩知道大事不好。元昌盛是福州老号钱庄，有信用又有雄厚的资金，若拒收阜康银票，此事传了出去会引起不小的震动。大凡钱庄生意失了信用，当事人说再多的好话都无济于事。现在局势又不稳定，常有钱庄老板携财外逃，宣布破产，许多存户因此被坑骗。故一有风吹草动，便会引起连锁反应。到那时，即使钱庄有足够银子应付挤兑，也难保信誉不会扫地，如果真到了那种地步，以后怕是没机会再重来了。所以说钱庄生意之大忌，就在于拒收银票。

胡雪岩当机立断，好言相劝，拿出 5000 两新铸的足色官制银锭，另外按一分二的高利息奉还。茶商既得厚利，也就同意不把此事说出去。

送走茶商，胡雪岩便想着怎样对付卢俊辉。他到福州开阜康分号，扩大业务，吸收资本，不料刚开始便遭人暗算，差点把阜康的牌子砸了。胡雪岩主张和气生财，不愿与同行拼斗。谁知卢俊辉在太岁头上动土，先动手了，他只好被迫应战，胡雪岩知道要想打败他，必须抓住关键。他在心里想：若只是图个站稳脚跟，惩罚他一下，也并不难。但以他多年经营钱庄的经验来看，一旦对方要彻底打败你，自己便不能心软，要抓住要害，置对方于死地。卢俊辉既然吃了豹子胆，那就让他彻底失败，打败元昌盛，把这块地盘抢下来。

半个时辰后，胡雪岩便想好怎么对付卢俊辉了。卢俊辉初出茅庐，毫无经验，胡雪岩要胜他并不难。搞垮对方的方法也很简单，即"以其人之道还治其人之身"。钱庄之间的竞争，靠的是本钱与信用，资金雄厚的占上风；竞争力弱，本小利薄的自然是处下风，经不起冲击。

胡雪岩急于要弄明白元昌盛钱庄现在到底有多少本钱，银票发出多少，两者之间有多少差额。这是钱庄的机密，要想打败对方就一定要知道这些。胡雪岩决心弄到对方机密，再作打算。

胡雪岩决定亲自出马，明察暗访并准备找个内线。

元昌盛伙计赵德贵，近来情绪不好，他在赌场上运气不佳，已经欠下了一屁股债。而这一切，都是卢俊辉所赐。赵德贵对他更是恨得牙痒痒。

赵德贵和新老板的矛盾，起因在龚玉娇。赵德贵和卢俊辉年龄一样大，只是没卢俊辉生得英俊，其他的赵德贵样样都不输卢俊辉。当初，赵德贵在后院当听差，天天伺候小姐，赵德贵有充足的时间接近龚玉娇，做龚家上门女婿的按理说应是赵德贵。

老天不长眼，龚振康让女儿到柜台熟悉账务，龚玉娇见到俊俏风流的卢俊辉，把赵德贵扔到了一边。赵德贵恨得咬牙切齿，真想杀了卢俊辉。但终究他并没这样做，事情仍然一步步发展下去，卢俊辉娶了龚玉娇，新的老板掌握了赵德贵的命运。

卢俊辉好像知道赵德贵的想法，他对昔日的情敌一点情面也不留，把最苦最累的活儿都让他干，还常常克扣他的工资。因此，赵德贵便进赌场赌钱，以此麻醉自己的神经。

这次赵德贵又把钱输光了，害怕别人讨债，他一出门便拣小路走。刚一出门只听一声大喝，几个彪形大汉拦住他讨账。赵德贵输得精光，没有银子，便哀求起来。对方哪里肯听，一顿毒打，为首的拔出一把刀，说要割下他两只耳朵抵债。赵德贵吓得魂飞魄散。正在这时，走来一位中年人问明了缘由，摸出十两银子替赵德贵还了赌债，这群人才肯罢休。中年人自称胡先生，把赵德贵拉起来，说要请他吃酒压压惊。

赵德贵真是感激不尽，三杯酒下肚，把自己的烦心事都说了出来。胡先生十分同情赵德贵，说要为他打抱不平，治治卢俊辉，把龚玉娇抢回来。赵德贵听得愣愣的，不敢相信有如此好事。胡先生据实相告，自己便是胡雪岩，只要赵德贵愿意，便可跳槽做阜康钱庄的档手。除俸银 50 两外，还有分红。前提是提供元昌盛的信息。

胡雪岩摸出 1000 两银票，郑重地说："这是预付的赏银，事成之后，还要加倍。"赵德贵又惊又喜，知道胡先生并非戏言，当即便发誓要效忠胡雪岩，把事情办好。

这样，元昌盛的命运便掌握在胡雪岩的手中。于是，胡雪岩放心地回到庄里等待消息。

几天后，胡雪岩对卢俊辉已经了解得一清二楚。卢俊辉执掌钱庄大权后，并不像他岳父那么谨慎。他为了挣钱，开出大量银票。元昌盛只有存银 50 万两，却开出几近百万两银票，空头银票多出 40 多万，这是个危险的信号。倘若发生挤兑现象，元昌盛立刻就会倒闭破产。元昌盛也就是靠信用，才没有人会怀疑它的支付能力，自然不会出现挤兑现象。卢俊辉正是仗着钱庄的信用，才敢这样做。

胡雪岩暗暗叫好："老天也在帮我！"他估计了自己的力量，有 70 万两现金可以调动，只要设法收集元昌盛 70 万银票，就掌握了元昌盛的命脉！

胡雪岩立即调动资金，用来收购元昌盛的银票。一切都在暗中有序地进行着，卢俊辉却一点也不知道。

元昌盛的银票尚未收集齐，卢俊辉又办了一件傻事。他不知道胡雪岩正在收购自己的银票，见存户兑现的少，看着银子白白地放在钱庄里心有不甘，便取出 20 万两现银开了家赌场。致使元昌盛库中能兑现的银子只剩 30 万，只够应付日常业务，到了十分凶险的地步。

赵德贵把这个消息送给胡雪岩，令胡雪岩大喜过望。他已经收购 50 万两元昌盛银票，凭着这些银票，他是胜券在握。为了看看卢俊辉失败的样子，胡雪岩在卢俊辉过生日时，备办厚礼，亲自登门致贺。卢俊辉这时还以为胡雪岩甘愿败在他的手下，两人还十分亲热，喝了不少酒。

没过两天，元昌盛柜上来了许多提现银的主顾，手持银票，一下子提走 20 万库银。卢俊辉听说此事，开始并没放在心上，谁知第二天，更多的顾客来提现银。没等卢俊辉明白过来，库银已提取一空。元昌盛出现了挤兑风潮。

卢俊辉明白大事不好，连忙向同行各家钱庄告贷，请别人帮忙。但他平素里不可一世，飞扬跋扈惯了，哪有什么人缘，大家只在一旁看笑话，却无一人帮忙，妒恨他的人更想让他早些垮台。

元昌盛门前闹哄哄一片，挤满了兑现的顾客。卢俊辉躲在屋里不敢露面。眼看要出大事，官府出面让钱庄主人尽快拿出银子，否则依法处置，卢俊辉这下可要家破人亡了。

卢俊辉想来想去，只有把钱庄卖给别人，才可免祸。但同行钱庄老板只是看热闹，都不肯帮忙。这当口，胡雪岩出面，他同卢俊辉谈妥以接收元昌盛银票为条件，把钱庄接下来，并当场向顾客宣布：凡元昌盛银票都可到阜康兑现，一分不欠。这些人大都是胡雪岩安排的，见他这么一说，早就散开。一场风波就这样平息了。

接着便清盘，元昌盛的每一样物件都给了胡雪岩。算到后来，卢俊辉只剩一身便服，狼狈滚出庄门。一场富贵梦就此落空。

胡雪岩顺理成章地将阜康分号搬进元昌盛旧址，经过此事后，他也算在马尾湾打下了根基，扩张了势力。

三、抱势取利

胡雪岩做生意，十分注重借势经营。在他的商业活动中，大多都是围绕取势用势而展开的，任何一个取势用势的机会他都不放过。从而不断地拓展自己的地盘、扩大自己的势力。

胡雪岩也逐渐形成了一套独特的商业理论，即"势利，利与势是分不开的，有势就有利，所以现在先不要求利，要取势"。

胡雪岩主要取四股势，他说："官场的势力，商场的势力，江湖的势力，还有洋场的势力。"

首先，"官势"第一。

胡雪岩冒着砸掉饭碗的危险拿银票资助王有龄、给何桂清送美妾阿巧、在西征时协助左宗棠等等，从而使自己在官场上一步步取得"官势"。

胡雪岩长袖善舞，左右逢源，层层投靠，让人不得不佩服。

事实上，取势官场只是胡雪岩取势的一部分。光有官势，并不能使胡雪岩的生意做到了整个中国。

胡雪岩取的第二个"势"是"商场势力"。

胡雪岩借抱商场势力最值得一提的是在上海。他垄断上海滩的生意，与洋人抗衡，以垄断的地位取得商业的优势。这件事也体现了胡雪岩在商业谋略上的与众不同。

起初，胡雪岩在做丝生意之前，早就做好了与洋人抗衡的准备。

按他的话说就是，齐心协力才能做大生意。跟洋人做生意，也要像收茧一样，一个价钱定死，愿意就愿意，不愿意就拉倒，这么一来，洋人就不能不服输。

具体的办法就是，把洋庄都抓在手里，联络同行，让他们听自己的。

至于想脱货求现的，也有两个解决的法子。第一，卖给自己人，不卖给洋人。第二，你如果不肯卖给我，绝对也不要卖给洋人。要多少钱，先用货抵，保证你将来赚得更多。

凡事就是开头难，只要有人领着，大家也就跟着走了。

至于处理具体的事，还要看当时的形势来决定怎么办。

第一批丝运往上海时，上海的小刀会正闹事，胡雪岩通过官场得知，两江督抚上书朝廷：因洋人帮助小刀会，为了教训洋人，对他们进行贸易封锁。

只要官府出面封锁，上海的丝自然成了热门货，所以这时候只须等待时机再脱手，生丝的价钱自然会上去。要想做到这一点，还必须把一半以上的上海丝生意控制在手里。

为了取得生丝生意上的优势，他选择了和庞二联手。庞二是南浔丝行世家，一半的上海丝生意都在其掌握中。胡雪岩派玩技甚精的刘不才来打通庞二。

起初，庞二并没拿定注意。因为他觉得胡雪岩是个暴发户，根基不厚。但后来他看出胡雪岩是一个为朋友着想的人，知道他与自己联手，主要是为了团结自己人对抗洋人。生意大家做，有钱大家分，团结起来，不能让洋人钻了空子。

庞二也是很讲义气的人，认准了朋友就十分信任。所以他委托胡雪岩全权处理自己在上海的丝生意。

胡雪岩取得绝大部分丝业生意，又得庞二的全力支持，形成商业上的绝对优势，又有可靠的官场信息，第一场丝茧战胜利了。

由于外敌的入侵，西方先进的丝织机出现在中国，洋人也开始在上海等地开设丝织厂。

胡雪岩为了保护中小蚕农的利益，便利用手中资金优势大量收购茧丝囤积起来，不让他们以低价卖给洋人。洋人搬动总税务司赫德来当说客，希望胡雪岩与他们合作共分利益。

胡雪岩看清了形势，认为禁止丝茧运到上海只是权宜之计。这样做，时间一长两方都受损失，上海的市场也受打击。所以，自己顺势打个圆场，把彼此矛盾消除，叫洋人、官场互相信任，这样子才能把上海的市场做大。这样做的前提条件是，首先在价格上需要与中国方面的丝业同行商量，取得他们的同意才行；其次，洋人须答应暂不在华开设机器厂。

和中国丝业同行商量，等于就是胡雪岩自己拿主意。因为胡雪岩有了势，在商场上就有了绝对发言权，有了发言权，实现他因势取利的目的也就轻而易举了。

可以说，在第二阶段，胡雪岩取得了商场的势力。这种局面的形成，离不开官场势力的帮助。因为禁止洋商自由收购、加征蚕捐等，都需要上面配合。尤其是左宗棠当了两江总督，胡雪岩更觉如鱼得水。江湖势力方面有郁四，本身的势力都集中在丝蚕生产区，资金调动、垄断收购都不成问题。因为他们除了做生意，还有有庞大的帮会组织作后盾，虽不借此欺诈，但也有强大的威慑力，让人不能不服。

在胡雪岩的其他生意方面，商势也起了很大的作用。比如钱庄，从杭州发展到上海、宁波、北京、武汉，在同治、光绪年间跃居江南钱业之首。与北方的山西帮票号南北对峙，声名大振，信誉一天比一天好。又有借的官款为后盾，在客户心中树下了金字招牌。

典当行也在全国开了有二十九家，发展十分迅速。和阜康的钱业，胡庆余堂的药业一起成为胡雪岩商场上最重要的支柱。

胡雪岩在丝茧生意上和洋人周旋了近二十年。在如此长的时间内，胡雪岩节节胜利，为中国人争了一口气。

胡雪岩借助的第三股"势"是"江湖势力"。

他借取江湖势力也是从和尤五交往开始的。

王有龄初到海运局，便遇到了漕粮北运的难题。粮运关系到地方官的名望，所以巡抚黄宗汉十分重视，前一年为此还逼死了藩司曹寿。

按照胡雪岩的想法，这个任务也紧也不紧。办法是有的，只是要换一种方式，不要在漕运一棵树上吊死，改换一下办法，采取"民折官办"。带钱直接去上海买粮交差，把要的粮准时送到即可。

通过关系，联系上松江漕帮管事的曹运袁。漕帮势力虽然减弱许多，但是地方运输安全诸方面少了漕帮还是不行。他们是一股待用不可忽视的力量。利用好了，自己生意做得好，还有人处处抬举；忽视了他们，一不小心就会处处受阻。而且各省漕帮都有联系，有了漕帮里的关系，对王有龄海运局的公事也有帮助。一旦有个风吹草动，王有龄也能早些知道消息免受捉弄。

所以和尤五打交道，既要考虑到松江漕帮的利益，又要给尤五放交情。加上胡雪岩做事说话有板有眼，又极有分寸，尤五觉得这人很可靠，是个可以信任的人。

胡雪岩得到了信任，"民折官办"购粮一事办得很顺利，尤五更把他当成门外兄长，有事必请教于他。

后来表明，尤五这股江湖势力给胡雪岩出了不少力。胡雪岩借助王有龄在任做了多批军火生意。在负责上海采运局时，为左宗棠西征购买新式枪炮。这一切都少不了尤五的帮助。

胡雪岩十分注意增强漕帮势力。和他们共同做生意，把固定的运送官粮物资的机会以及组织船队等工作都让他们去做，只要有利益，就不会忘掉漕帮。胡雪岩有一个永恒的宗旨就是："花花轿儿人抬人"，互相尊重才能做成势。

江湖势力到晚清就衰落下去了，主要是因为各种社会经济因素变化引起的。比如洪门和漕帮，以南北运河为倚重，河道一旦冲淤堵塞，渐渐失去了财路，江湖势力也就一步步衰落了。又比如镖局钱庄的押银护款，以前都靠他们。后来出现了银票和划汇制度，镖师作用渐渐消弱，势力自然就江河日下。

不过，尽管不如以前，江湖势力也以新的各种方式重组，发挥着自己的作用。例如国民党时期，蒋介石为了立足上海滩，就借助上海青帮的力量。

所以，晚清时期，江湖势力仍是影响社会生活的一支重要力量。胡雪岩利用这支江湖势力，以及结合自己在官场的势力，古应春在洋场的势力，把市场做得热热闹闹。

胡雪岩借取的最后一个"势"是"洋场势力"。

我们都知道，太平天国运动和清政府被迫对外开放是胡雪岩成功的重要条件。在这种混乱的局面下，胡雪岩善于应对，认准方向和秩序，凭着这种宏观的把握能力成功地借取洋场势力。

在胡雪岩第一次做丝茧生意时，就开始与洋人打交道。并且遇见了洋买办古应春，二人成了莫逆之交，说好了要借助洋场势力做出一番事业。

胡雪岩确定在洋场上的势力，是在左宗棠任命他专管上海采运局这个为西北平叛而特设的机构之后。

上海采运局管理面广。同洋人有关系的第一是筹借洋款，总数有一千六百万两以上；第二是购买轮船机器，为左宗棠的福州船政局所用；第三是购买新式的西式枪支弹药。

当时由于左宗棠下决心一定要平叛成功，自然重用胡雪岩，凡洋务方面都让他出面洽谈。这样一来，胡雪岩的买办垄断地位逐渐形成。

洋人看到大清疆臣左宗棠重用胡雪岩，胡雪岩又是生意场的老手，自然也巴结他。这也促成了胡雪岩在洋场势力的形成。

势力一旦形成，别人想进入就很困难，因为洋人只相信胡雪岩。

　　江南制造总局曾有一位买办，十分高兴接了胡雪岩手中的一笔军火生意。洋人却告诉他，枪支的底价早已开给了胡雪岩，谁做都要让胡雪岩吃到回扣。

　　纵观胡雪岩的经商生涯，最大的特色是"势利"理论。官场势力、商场势力、洋场势力和江湖势力他都要，他明白势利不分，有势就有利。因为势力大了，人们才听你的，自然有利可图。另一方面，有势才有利，社会上的闲散资源只有形成势才有力量和走向，蓄势的过程就是积聚力量、形成规模、安排秩序、形成走向的过程。安排调度和积聚力量，正是一个有效的管理者的主要任务。

　　商人企业家在社会中扮演着重要的角色。他们把闲置的人才、资源、信息、组织挖掘出来充分利用，这本身就是一种创造的过程。

　　官场、江湖、洋人他们之间也有矛盾，胡雪岩却非要他们消除矛盾，大家共同做生意赚钱。这种作为是一般人想不到做不到的，胡雪岩却能想到做到，所以人们称赞他神奇。所谓神奇，在胡雪岩身上所表现的，就是与众不同之想。

　　凡事总要比别人想得多、看得远，所以才能在经商中在商不光言商，还花出许多精力去做势。

第十一章　散财施善

一、"胡大善人"

胡雪岩做生意时，也不忘多做善事，他常说："我们做生意赚了钱，要做好事。我们做好事，就是求市面平静。"

他说到做到。他对于行善做好事，总是尽量去做，从不吝啬，而且做的都是利于平民百姓的实实在在的好事。

胡雪岩湖州的大兴丝行一开张，七月里他便到了湖州。

一到湖州，他就让丝行档手李仪做一件利于百姓的好事。这时正是七月中旬，"秋老虎"肆虐，丝行要在自己店前向路人施药、施茶，而且当天就开始做。李仪了解老板的脾气，做事要又快又好，要舍得花钱，于是当天就在大兴丝行门前摆出了一座木架子，上面放了两口可装一担水的茶缸，装满茶水加上清火败毒的药料，茶缸旁边放上一个安了柄的竹筒当茶杯，路人可以随意饮用。另外，他还派人在丝行门上贴上广告，上写"本行敬送避瘟丹、诸葛行军散，请内洽索取"。如此一来，丝行门前人头攒动，上午就送出去一百多包避瘟丹，两百多瓶诸葛行军散。丝行档手李仪很是担心，一怕如此下来花费太多，要维持下去很难；二怕前来讨药的人太多，丝行生意都没法做了。

　　但胡雪岩却坚持这么做。他知道，施茶施药是件实惠的好事，开始了就要坚持下去，再说一来丝也基本上收完了，生意不会受大影响；二来前来讨药的人虽多，但花不了多少钱。再说，丹药要多了也没用，讨过药的人会不好意思再来讨，施药的第一天人当然多，过两天人会慢慢变少的。

　　事实上，胡雪岩坚持施茶、送药，成了他的丝行收丝时节不可缺少的一项，后来连他的药店也这样做了。而且不仅如此，他还做了许多其他好事，比如在饥荒战乱年景发米票、设粥场，隆冬之时舍棺材、施棉衣……江浙一带的人都喊他为"胡大善人"。

　　胡雪岩为一个善人的名声花钱做了这么多好事，似乎有些让人不好理解。生意上要用本求利，谁都想花一分钱获一分利，连胡雪岩自己都说"商人图利，只要划得来，刀头上的血也要去舔"。但他这样散财施善，一分钱得不到，用自己辛苦赚来的钱仅仅换来一个善人的名声，这又是何苦呢？因此，像胡雪岩这样赚了钱能去做好事、善事，没有几个生意人愿意做。

　　其实，胡雪岩赚了钱要做好事，表明他比一般人见识广、眼光高。他做好事就是要行善求名，利用名来获取利益，比如他自己就说过："好事不会白做，我是要借此扬名。"但他做好事还要达到一个目的，那就是"做生意第一要市面平静，平静才会兴旺"，他做好事也是在"求市面平静"，是变着法子的做市面。

　　从经营的视角看，生意人有了钱去做善事、做好事，客观上为更好地做生意创造了条件。比如因为自己的帮穷济困，使一部分饥寒困苦的人获得帮助，在某种意义上还稳定了社会、平静了市面，为更好地做生意创造一个较好的外部环境。人们常说"饥寒起盗心"，饥寒交迫走投无路的人为了求生，当然要千方百计地找条生路，这是人之常情。比如历史上的农民起义，都是百姓没活路，无奈之中揭竿而起。

由此看来，胡雪岩维护市面稳定的做法实在高明。既为生意做了不花钱的活广告，用胡雪岩的话："招牌又鎏金了"；另一方面，又安抚了民心，在一定程度上让老百姓得到了一定的实惠，从而为自己的生意创造了稳定的社会环境。

这就是胡雪岩所说的："行善益多，市面越稳。"

二、以仁取众

1. 施惠与人

"上忧国，下忧民"，胡雪岩继承了传统商人优秀品格的重要一点。协助西征，协理洋务是报国的体现；济世善举，善渡贫困之民是忧民的最好体现。这是胡雪岩成功的又一重要因素。

胡雪岩一向认为：不管做官还是经商，都要有一种社会责任感，既要考虑到自己，更要想到老百姓。如果不这样，自然就是贪官、奸商，这两种人，没有好结果。

自古以来，商人为的是一个利字，为利者当然免不了使手段、耍聪明。因为利益往往掌握在别人手中或隐藏在其他事物之中。

商人们就是要运用自己敏锐的眼光，在事态变化中寻求机会，然后利用手段和计谋获取利益。

由于被利益冲昏了头，分不清好坏，只是一味地钻营利益。中国传统之所以看不起商人，也是由许多商人只看利益、不尊重自己造成的。

到了胡雪岩这个时代，商业有了较大的发展，但商人的地位仍旧没有多大提高，人们仍然看不起商人。但胡雪岩作为商人，既获得当时人们的称赞，也得到了后人的好评，又是为什么呢？

当然，人们并不看重他做了十几年的生意、从小伙计成为一代富商，真正让人们心服的是胡雪岩虽然是个商人，却不忘天下人。

浙江气候适宜，有着优越的自然生态环境，是我国主要的药材产地之一，元胡、浙贝、白芍、白术、玄参、麦冬、郁金和菊花便是浙江省有名的"浙八味"。浙八味杭州城郊乡村都有种植，并以品质优良成为历代皇家御医所采用的药材。由于自身条件优越，早在南宋时期，杭州的中医药比其他地方发展得快，光中药材就出产达70余种。官方设立惠民和剂药局，主要目的是收集医家和民间验方制成丸、散等成药出售，并把药方编成《太平惠民和剂局方》，把所治病症和配药的方法都写下来。在中国人文传统中，"穷则独善其身，达则兼济天下"是为人处世的良言。而从医制药以救死扶伤是社会上受人尊重的职业。胡雪岩身处医药业发达的杭州，自然受到中医药文化的影响。另一方面，从咸丰到光绪，全国范围的农民起义以及中外战争不断，每打一仗，不知死多少人，加上自然灾害频频发生，各地瘟疫盛行。咸丰元年（1851年），清代人口超过4亿，比嘉庆十六年（1811年）增长15.3%，年平均增长率为4.7%。可是在光绪元年（1875年），人口锐减到3.2亿，处于负增长，这都是疫病和战乱的结果。胡雪岩看到这一切，决定救民于水火。早在清军镇压太平军和出关西征时，他便请来江浙名医研制出"胡氏避瘟丹""八宝红灵丹""诸葛行军散"等药品，把这些药给曾国藩、左宗棠军营及灾区陕甘豫晋各省藩署。一打完仗，"讨取填门，即远省寄书之药者目不暇接"，为了能更好地施药救人，胡雪岩决定开办药号。

胡雪岩乱世之中开药店赚钱是一方面，做好事也是一个重要方面。

乱世之中，瘟疫不断，战争不断，死伤无数，百姓流离失所，水土不服，风餐露宿，极易染病，这些都需药。然而乱世流离，有钱的又有几个？所以乱世之中行医者不敢开门行医，害怕自己赔本。

这些道理胡雪岩都明白。但为了解救受苦的黎民百姓，赔本也高兴。于是下令各地钱庄，另设医铺，有钱少收钱，没钱的也能看病拿药。

而且胡雪岩还同绿营、湘军立下协议，军队要药只需本钱。然后由他带人去召集名医，购买原料，配成金创药之类，再送往军营。曾国藩知道后，感动地说："胡雪岩对国家的忠心，比老夫强多了。"

太平天国运动后，恢复了科举考试，天下士子云集天府进行科举考试，胡雪岩又给士子们送去各种药品、补品。因为每年考试期间，士子们长途跋涉，又天天苦读至深夜，得病的人很多。胡氏这样做，也是有自己的道理。当然，也受到考官、士子们交口称赞，许多人向他道谢。

胡雪岩派人答谢道："不必言谢，你们都是国家的栋梁，胡某为国着想，做些力所能及之事而已。"

也有人说，胡雪岩的这些举动是为了求一个好的形象，为他自己做宣传。事实上，胡氏的这些举动效果也的确不错。

比如他开药店进行义诊，天下人都听说，浙江有个"胡善人"，他为军营送药，获得曾国藩的夸奖，而使他成为忠义之士；他为应考的士子送补品，天下士子都很感动，朝廷更是为此赏他二品官衔。

其实，世界上大多东西都是利义混淆在一起。作为一个有眼光的商人，当然应该将二者结合好，而不是只取一种。因为无论要失去哪一样，做为商人都不能算成功。

从光绪元年（1875 年），胡雪岩便雇人身穿印有"胡庆余堂药号"字样的号衣，在水陆码头向来往的客商、香客免费赠送痧药、避瘟丹等平常人家日常必备的药品，用来宣传药效。外地来到杭州的，便容易知道杭州有家胡庆余堂药号。据说，从 1875—1878 年 3 年多时间里，光送药一项，就花去胡雪岩 10 多万两银子。同时，胡庆余堂在《申报》等报纸上刊登广告，还印制出大量《浙杭胡庆余堂雪记丸散全集》分送社会各界。人们传来传去便为他做了广告，胡雪岩免费所做的善举便得到好处，见过的人互相传送，而使之闻名遐迩，这些都让胡庆余堂还没开张就闻名全国，这是胡雪岩"放长线钓大鱼"的经营策略。光绪四年（1878 年）春，大井巷店堂开张以后，没多久便把投入的钱都成倍地收了回来。

到光绪六年（1880 年），胡庆余堂资金有 280 万之多，与北京的百年老店同仁堂分峙南北，当时传颂"北有同仁堂，南有庆余堂"。一个对医药不了解的门外汉，终于在中国药业史上写下了浓重的一笔。行医施药、救死扶伤，正是儒家社会"仁道"的体现。可见，他创办药号并不完全是为了赚钱，更多的是把它作为济世救人的好事来办。由于善名远播，反过来自然让他获得更多的利润。

现代经商者大多明白这个道理，所以许多大商人往往又是大慈善家。他们到处救济孤老、捐款兴办学校，社会好评不断，自己的公司和产品也因之受到更多人的认可。

在胡雪岩的事业中，钱庄、典铺最重要，药业只是个陪衬。可是后来，他破产身死后，胡庆余堂的招牌成为家人维持生活的来源。由于局势动荡不安，有多少巨商因为破产而被人们遗忘。如果没有胡庆余堂，说不定胡雪岩也早被历史遗忘。这些也算是胡雪岩开药店、做好事的一种回报吧。

2. 钱江义渡

胡雪岩的家乡有条钱塘江，旧时又称罗刹江、浙江和之江，是浙江省第一大河，也是东南名川。它发源于皖、浙、赣交界处，汇入杭州湾。黄山以下干流屯溪至梅城段称新安江，富春江是从梅城至浦阳江口，浦阳江口至澉浦便被称为钱塘江。钱塘江主要支流有浦阳江、兰江、曹娥江。

100多年以来，杭州江干到萧山西兴的江面宽达十余里。每到春秋多雨的时候，上游水流湍急、疾驶直下，加上海潮从鳖子门涌入，形成气势磅礴、汹涌澎湃的"钱塘潮"。急流海潮汇集在一起又使得钱塘江的水文异常复杂，江中流沙多变，因此这一段被航旅称为最凶险的一段。晚清时，钱江两岸的人们过江还主要靠渔舟，出门还得选个天气好、无风无浪的好日子。有人要渡江，家中亲人为了保平安，都先求神祭祖。不过，即使是这样，也经常出现事故。

胡雪岩常嘱咐伙计："凡事要么不做，要做就要做得最好。"为了帮助钱塘江两岸旅客能顺利渡江，胡雪岩捐银10万两资助钱江义渡，并说："此事不做则罢，做必一劳永逸，至少能受益五十至百年。"

有了义渡，不知多少人从中得到实惠。胡雪岩即使不为名不为利，但善名远扬，人送"胡善人"的美名。

关于创办义渡的起因，《胡庆余堂：中药文化国宝》一书中朱成方的《功自心诚，利从义来》一文中便有记载：

当时，杭州钱塘江上并没有修建桥梁，浙江绍兴、金华等"上八府"一带的人要到杭州，需在西兴乘船到望江门上岸。而当时的叶种德药店正好座落在望江门直街上，所以生意特别好。而胡庆余堂则设在河坊街大井巷，接待的大多是杭嘉湖等"下三府"顾客，"上八府"的顾客都被叶种德药店抢走。

　　胡雪岩曾亲自到码头调查过，一位船工说"要让上八府的人改道进杭城，你要先把码头搬去！"言者无心，听者有意，胡雪岩从码头回来，便有了好办法。

　　他沿江实地考察，发现从西兴上船渡江，航程大、江上风浪大，并不安全。胡雪岩选择了三廊庙附近江道较窄之处，在此投资兴建码头，让"上八府人"改道由鼓楼进城。

　　码头修好以后，胡雪岩又出资造了几艘大型渡船，人、车、牲畜都能载。而且过江不收钱，又快又稳又省钱，上八府的人自然愿意。这样一来，胡庆余堂拉来了上八府顾客，上八府的旅客也改道由鼓楼进城了。这样一来，胡庆余堂的地理劣势转为优势了，叶种德堂的生意自此一落千丈。钱江义渡真可谓"一石三鸟"之举。

　　由此可以看出，胡雪岩开设义渡是为了和叶种德堂抢顾客、兜生意，这也正显示了胡雪岩独特的商业计谋。

　　胡雪岩创设义渡后，又设有趸船，以便过客待渡。渡船每天开约10余次，一般顾客不收钱，只有干苦力的人渡河必须要帮船夫服役。由于设义渡大家都从中受惠，干苦力的也愿意出一份力。钱江义渡还设有救生船，遇有风高浪急时，渡船停驶，救生船便挂上红旗，巡游江中。若有船只遭遇不测，不管风浪多急都要飞快去救援。

　　钱江义渡的开办让胡雪岩名声远扬，而且义渡便利了"上八府"与"下三府"的联系，客观上使商业贸易进一步繁荣，也大大有利于胡雪岩的生意。

3. 善后赈抚

　　自古以来，士农工商，商人居末，地位低下。尤其商人被冠以"奸名"，是为"奸商"，更为甚者，还有"无商不奸"之语。可是生意场中也有性情人，他们不光为了钱，还做不少善事。最起码，胡雪岩对杭州城的老百姓就做过许多好事。

　　胡雪岩的生意从杭州做起，对杭州的感情自然很深。他花钱买米，筹措十万两白银赈济攻城湘军，把杭州城的老百姓救出水火，从来没有忘本。生意人往来贸易，无非是多赚些钱，但钱财又是生不带来、死不带去的身外物。

　　钱财价值，是体现在自身之外的，体现在消耗过程、花费所带来的满足感。胡雪岩富而有德，为民造福，乐善好施，自然获得满足感。

　　连年战争使浙江满目疮痍。为了使战后杭州尽快恢复，左宗棠收复杭州后，选派员绅"设立赈抚局，收养难民，掩埋尸骸，并招商开市"。胡雪岩便是他的一枚重要棋子。他负责赈抚局务，设立难民局、粥厂、义塾、善堂、医局，修复名胜寺院，整修道路，设立掩埋局，收敛城乡暴骸数十万具，并把这些尸体分别安葬在岳王庙左里许及净慈寺右数十大冢。

　　胡雪岩还恢复战中停止使用的"牛车"。牛车是根据水沙而设的一种交通工具。早先，钱塘江水深沙少，船只几乎可以直接航行到萧山西兴。后来，东岸江水涨漫，形成数里水沙，每当潮至，沙土没水，潮退后又有淤泥阻碍道路。穷人家的妇女没钱雇轿，只好胜过泥沙，道路十分艰难，时常还有陷踝没顶的危险。此时，胡雪岩恢复工捐设牛车，让百姓免受潮沼之苦，大大方便了他们。

　　为了缓解战后财政危机，胡雪岩向官绅大户"劝捐"。比如说，他曾向段光清劝捐 10 万两，段光清并不情愿，结果只捐一万。段光清的《镜湖自撰年谱》还说到了绍兴富户张广川的例子，谈及胡雪岩指使在太平军攻陷绍兴时死去的绍兴知府廖子成的侄子在湖南上告朝廷，说是张广川召集乱民杀害了廖子成，因此京城下旨让浙江巡抚查办。正在上海做生意的张广川得到行文，十分恐慌，急忙找人求情，宁愿捐洋 10 万元，这才免去了一场灾祸。段光清在文后叹道："胡光墉之遇事倾人，真可畏哉！"

　　张广川被罚捐是不是被冤枉的已经无从考证，然而当时为富不仁的富商的确很多。同治元年（1862年），左宗棠上奏朝廷，指责浙江富绅俞斌、杨坊、毛象贤等十数人"身拥厚赀，坐视邦族奇荒，并无拯恤之意，且有乘机贱置产业以自肥者"。胡雪岩罚捐，出了风头，得罪了不少富绅，幸得左宗棠知道他也很难办。同治三年（1864年），胡雪岩上报杭嘉湖捐务情形后，左宗棠对捐务增多十分高兴，并在批札中写道："罚捐二字，亦须斟酌，如果情罪重大实无可原者，虽黄金十万，安能赎其一命乎！"这警告了那些不法富商，相信他们听了这样的话心里自然有数，与其被抓还不如捐钱免罪。

　　除负责这些事之外，胡雪岩入城后仍代理藩库。各地的省银，须经胡雪岩之手，省局才能收。

　　胡雪岩代理藩库的目的是要做牌子。阜康是金字招牌，这当然假不了，但只有战前的老杭州才听说过。但他要吸收一批新的存户，当然要想个办法打出名声。代理藩库就是最好的好招，浙江全省的公款都由他代理，自然说明阜康的信誉过硬。

　　有了牌子，生意也渐渐地好起来。清军收复浙江后，大小军官都掠抢到数十至数十万两不等的财物，他们把这些钱存入胡雪岩的钱庄。胡雪岩用这些钱做生意，在各市镇设立商号，每年获利数倍，不过几年已有千万两的资产。

　　富而有德、乐善好施是历代良商的传统美德，古代就有："贪吝常歉，好与益多""慈能致福，暴足来殃"辩证的话语。胡雪岩富了以后，也热心慈善事业，实在难能可贵。

　　同治十年（1871年），直隶发生水灾，胡雪岩捐制1.5万件棉衣，并捐籽种、牛具、银一万两。由于天津一带发生涝灾，籽种不齐，胡雪岩又续捐足制钱一万串，解决了泄水籽种的需要。

　　光绪三年（1877年），陕西干旱，许多人处在饥饿边缘，胡雪岩初拟捐白米 1.5 万石、银 2 万两装运到汉口再转运入陕。左宗棠认为路途遥远，不好转运，要他改捐银两 3 万两，最后胡雪岩为赈陕西旱灾捐了 5 万两。

除了这些好事，胡雪岩还曾捐输江苏沐阳县赈务制钱 3 万串；捐输山东白米 5000 石、赈银 2 万两、制钱 3100 串，劝捐棉衣 3 万件；捐输河南、山西赈银各 1.5 万两。

这只不过是胡雪岩捐输赈灾的一小部分。据光绪四年（1878年）左宗棠上奏朝廷的《胡光墉请予恩济片》，根据胡雪岩呈报捐赠款项，估计已达 20 万两白银，他捐运西征军的地道药材还没算在内。

左宗棠正是利用胡雪岩捐赈的功绩才能为他争取到黄马褂。胡雪岩用钱换取善名，又以善名获取金钱，足令今人感佩，值得借鉴。

三、昭雪冤案

"红顶商人"胡雪岩，叱咤商场几十年，写尽人间风流。但如果他"为富不仁"，不为国为民做些善事，自然没有如此大的成就。胡雪岩不仅仅爱做善事，而且还爱打抱不平、行侠仗义，这一点却很少有人知道。

清末轰动全国的四大奇案之一——杨乃武与小白菜案，一百多年来不断地有人把它编成电影、戏剧、小说、电视、曲艺。但你可能不知道，这场旷世奇冤得以昭雪与胡雪岩有莫大的关系。

杨乃武（1841－1914 年），字书勋，又字子钊，别号遁湖。从祖上就住在余杭县城澄清巷口西首，其妻詹彩凤在家种桑养蚕、饲养家畜，姐姐杨菊贞（淑英）年轻便死了丈夫，一直守寡，常住娘家。杨乃武20岁便得了个秀才。同治十二年（1873年）考中举人。他为人正直，从不巴结官吏劣绅，反倒经常为平民百姓打抱不平。

余杭县城一家豆腐作坊有个叫葛品连的店伙，这人长得丑陋而且十分愚蠢迟钝。同治十一年（1872年）春天，他偏偏娶了个貌美的毕秀姑当老婆。秀姑常穿绿衣白裙，人称"小白菜"，婚后两人便租了杨乃武家的一间空房住下。秀姑常帮杨家干些家务，杨乃武也教秀姑识字，两人以礼相待。日子一长，一些嫉恨杨乃武的流氓无赖便散布谣言，说杨乃武奸占了小白菜，还贴出"羊（杨）吃白菜"的招贴，葛品连自然有些疑心。为了避嫌，杨乃武不让他们夫妻俩在这儿住了，葛、毕两人便住在秀姑继父喻敬天表弟王心培家。余杭知县刘锡彤的大儿子刘子翰看上了秀姑，他让县衙女佣以做针线活为幌子，把秀姑骗去，强暴了秀姑。

同治十二年十月初七日，葛品连流火的老病又复发了，他还以为自己身体虚弱，吃了东洋参和桂圆等上火的药品，突然得病死了。十月是小阳春，入殓时尸体口鼻有淡黑色血水流出，葛母据此怀疑儿子是有人谋杀的，便告媳妇毕秀姑谋害亲夫。

县令刘锡彤早就看不惯杨乃武，草草验尸以后，把"口鼻血水流入两耳"说成"七孔流血"，又因其用银针不按规定用皂角水擦洗，就以为银针变色，是被人毒死的，便将秀姑收审。此事一传出来，县太爷家的那个浪荡公子刘子翰害怕自己的丑事暴露，买通一个刁妇混入女监欺骗、恐吓秀姑，又对秀姑动了大刑，秀姑受不了，只好屈打成招，说与杨乃武通奸，合谋杀夫。杨乃武被收审后，他们用火砖把他的双膝烫得焦烂，三上夹棍三次昏死，但他并没有屈供。可恨知县刘锡彤以秀姑供认为由，呈报杭州府。杭州知府陈鲁军功出身，看不起读书人，据此滥施大刑。杨乃武多次跪火砖、上夹棍、跪钉板，不知昏死过多少次，终因熬刑不过，而屈认自己从药店买得砒霜让秀姑毒死其夫。杭州府拟定毕秀姑凌迟处死，杨乃武斩首示众，定案后上报浙江省。巡抚杨昌濬曾亲自审讯，杨乃武、毕姑认为事已至此，难以翻案，仍然说是其两人所为。杨昌濬派候补知县刘锡潴赴余杭密查，但刘锡潴并没有招亲友近邻问个清楚，县令刘锡彤又贿赂他人参、貂皮，他便回报杨昌濬此案没有冤情。结果，杨昌濬按府拟罪名上报清廷刑部。

杨乃武的姐姐杨菊贞压根儿就不相信弟弟会做出这种伤天害理的事。她探监叫杨乃武亲自写好诉状，然后身背"黄榜"上京伸冤，艰苦跋涉了两个多月，于同治十三年六月才到了京城向都察院（中央最高监察、弹劾机关）投诉。都察院不但不受理，还派人把她押解回浙，杭州府和浙江省重审后仍然维持原判。

杨菊贞下定决心，拼了老命也要为弟弟昭雪伸冤，她准备第二次上京告御状。然而打官司、上京城都需要钱，打了前几次官司已花去了许多诉讼、盘缠等费，田产已变卖一空，家中也只有杨妻和杨姐两个妇道人家，以及杨乃武 10 岁的儿子荣绪。没钱有理也无处去伸。正当杨菊贞一筹莫展的时候，胡雪岩对此十分同情，慷慨解囊，赠送杨菊贞 200 两银子，杨菊贞有了这笔钱才得以二上京城。

为了能让京官们关注此案，唤起他们扶正祛邪的良知，胡雪岩趁翰林院编修夏同善（1831－1880 年，字舜乐，号子松，仁和人，曾任兵部右侍郎、江苏学政）回杭州老家办丧事时，专门去拜访他。把其中的冤情一说，要求他回京后适时地进言同僚，帮助重审此案。

发生杨乃武小白菜案时，胡雪岩已是道员兼布政使，并担任上海转运局委员，财势都有。在他的帮助下，杨乃武小白菜案才有了转机。同治十三年农历九月，杨菊贞陪同杨乃武之妻詹彩凤、杨乃武之子荣绪与姚贤瑞，长途跋涉一个多月再次进京。她们首先拜见了夏同善，递上其弟的控诉状和书信。通过夏同善介绍，杨菊贞等人把在京的浙江籍大小官员三十余人都访问一遍，接着向步军统领衙门、刑部、都察院投诉。

夏同善受胡雪岩之托，三番五次地访问大学士、户部尚书、都察院左都御史翁同龢，请求他去刑部查阅浙江审理该案的全部卷宗。后在翁同龢与刑部分管浙江司刑狱的林文忠（林则徐第五子）的共同帮助下，慈禧、慈安两宫皇太后亲下谕旨，指明一定要重审此案，但办案的人还是一拖再拖没有什么结果。慈禧太后便派正在浙江考选遗才的浙江学政胡瑞澜当钦差大臣亲自到杭州重审。但这胡瑞澜科班出身，不懂刑狱，滥施酷刑，杨乃武双腿被夹断，仍不肯屈打成招；毕秀姑手指尽折、上衣被剥、被开水浇身，烧红的铜丝穿人双乳，不得以屈招。直到1875年（光绪元年），给事中边宝泉上奏异议，夏同善等浙籍京官联名上书，认为此案必有冤情，如不审明，只恐浙江将无人肯读书上进了，一致要求再次提京复查。清廷下旨刑部，于光绪二年（1876年）底，把葛品连的棺木运到京城，当众验尸，这才查明是病死的。至此，这一历时三年多的旷古冤案才沉冤得雪。杨昌濬以下的审办官员都受到处分，杨乃武和毕秀姑恢复了自由。杨乃武回杭后叩谢了帮助他们的胡雪岩，回乡后以种桑养蚕为业，因妻子詹彩凤双目失明，姐姐杨翠贞劳累过度，不久便病故了。他一人承担了家庭重负，直到1914年病故。毕秀姑到县城南门外的"准提庵"出家为尼，死于1930年。

杨乃武小白菜案轰动朝野，胡雪岩用他的声望、钱财以及自己在官场上的势力帮助他们得以伸冤。

除了上述开胡庆余堂药号、设钱江义渡、捐输赈灾、支持昭雪杨乃武小白菜案等善举，胡雪岩还两次东渡日本，高价收回流失国外的中国文物。有一回，他一次就购回七口古钟。回来以后，一口放于西湖岳设左庑，一口放在湖州铁佛寺内，上面都刻有"胡光墉自日本购归"的字样。前来寺庙进香拜佛的人潮不断，见了此钟自然又会想起胡雪岩的大名，这些钟便又为他做了广告。

第十二章 坎坷人生

一、家道变故

1. 胡府年节

快过年了，胡府外面各房都只顾账目，里面各房却光想着热闹。一支笔只能一件件事来记，而也只不过是赏灯开宴等事。胡庆余堂里看灯，是从十三日上灯起，到十七日落灯为止，声势场面浩大。

灯彩并无特殊之处，不过就是胡府平常所点的那些各种洋灯以及琉璃做的蝴蝶、葫芦、花篮等各式檐灯而已，自然比不上外国明亮如昼的水月电气灯。

外边府里的花园看灯也从十三日起，外人早已进来游玩赏灯。这些人没见过如此好看的灯，称这些灯个个是琼宇瑶台、星桥火树，他们看了之后高兴得很。里面自十五元宵夜起，演了三夜堂戏。因戏班子演得好，便让他们为老太太做生日唱戏。一等灯节落后，休息几天，便先让甥王爷和香官带领程欢、冯凝、魏实甫等，到云栖收拾一切。自是先腾出十余所起坐房间，预备下来，以便居住。又排设起七个寿堂来，分作七日。

第一日，一个是为文职三品以上官员拜贺准备的，一个是武职三品以上拜贺的所在，请的也都是三品以上的知客陪宾。如果三品官员拜贺，即请三品的知客。如来客一品、二品的，自然一、二品的大员作陪，绝不能坏了礼节。另设两个寿堂，是五品以下文武职官拜贺的，还有一个是给候补选文武职员准备的，余下一个是现奉差委之佐贰人员，均各有身份相当的人作陪。

第二天是各庄铺号伙友作贺的日子，也是分七处设置，是茶、丝、钱、盐、绸、药、棉等业。

第三天是洋人作贺的日子，也分七处，是法、英、美、德、日、俄、比七国。

第四天是各衙局朋友，也是七处，是刑钱账征书教占一处，吏户礼兵刑工六科书吏一处，各厘局司事等一处。

第五天是僧道女尼等，第六天是亲朋友戚前来到贺，第七天才轮到女眷作贺。

所以雪岩和三个兄弟及子侄辈，第一天便来到云栖。里面设筵演剧，开堂庆寿，殿上鸣铙动钹，设放水陆大醮。头山门外面也搭了一个台子开锣演剧，是给地面上的人看的。二山门内也是一台戏文，专供随来的客官以及轿班差役人等观看。里面才是请来客看的，所演的戏，里外一样，避免有人说好嫌歹的吵闹。但是这云栖，原本是清静佛地，只有钟声梵呗、鸟语松涛，此番把里外三台戏一齐唱起，那鼓乐之声以及车马节旄之影，把这里都给塞满了。这地方上人，哪里见过这等阵势，还当是神仙下凡，一家老小都挤过来观看。

到了第六日，老太太和各房太太以及小姐丫头们才来到，总共不下百余乘大轿。此时，云栖山门口已经是人山人海，大家都挤着看，还有人不住地发出称赞之声。老太太等轿子穿过大殿，到内堂下轿，先吩咐丫头们看好了房间安顿下来，然后再带着小辈们出来，向各处礼佛以后，才回内院坐息。算算所来的是四房四位太太，及螺蛳、

戴、倪、朱、顾、宋等姨，以及本房五位小姐及二房两位小姐，还有
宝王官、兰生等，及三房二子一女，四房炳生官及佳官等，都带着各
自的丫头婆子，有七十人之多。这夜殿上僧众施放五方瑜伽焰口，里
面所有诸亲友早就散去，戏也停了。

　　老太太早听香官说这几日戏演得好，便高兴起来，吩咐下去当晚
重新开锣。把三班戏子的头等名角并入一班，就在正寿堂里登场开
演。四下摆设下筵宴，正中是老太太一席，甥王爷两口子坐左边一
席，胡雪岩和陈氏一席坐右边一席，左排第一席是二房两口子一席，
右排第一席是三房两口子坐了，左排第二席是四房两口子坐了，接下
来戴、朱、倪、顾、宋各据一席，再下一排便是四房一总九位小姐、
十位郎君，也按顺序在各分席坐定。每一席旁站立三四个丫头伺候、
斟酒送菜，满堂里灯烛辉煌、珠围翠绕地充满一室。戏演得正好，在
座的都是一家，真个天伦乐事，再没有比这更幸福的了。

　　那戏班中有个唱花旦的金小翠，生得好一个台面，已经演六天戏
了，每一出都演得精彩，大家都爱听他唱戏。当第一天在内堂演剧的
时候，有人就说了出去，于是外面的人都说胡先生不公道，不把好角
色拿出来让大家共享。胡雪岩听说后，第二天便让小翠去到二山门台
上唱了一天，第三日又接着去头门台上唱了一天，第四天才在内堂
演。第五天又在二山门唱了会儿，轮当头山门唱，胡雪岩又传他进
来，便退下一日，等到第二天再去当头山门唱。此刻小翠正在台后闲
看着，老太太一眼看见，便说：

　　"好个孩子，怎么不演一出？"

　　胡雪岩听说，让管班呈上牌子，亲手送给老太太，让她点一个。
老太太笑道：

　　"我也不点了，拣最好的唱。"

　　香官因出席上来道：

　　"这小翠演的《小宴》十分出神。"

老太太笑道：

"是不是《贵妃醉酒》？"

香官道是，老太太点点头道：

"那就让他演《小宴》。"

话音刚落，早有丫头们依次传下去。台上接应着，停下了刚才演了一半的戏。不一会儿，手锣、鼓箫齐奏，只见绣帘一动，早就有一个老生，也是个好台面，扮了唐明皇携着个千娇百媚的杨玉环出来。

老太太忙戴上老花眼镜一瞧，果然不错，不禁点头称好。甥王爷助兴喝彩，那些阶下的小厮等也跟着主子喝起一片彩来。早有管家们捧着一盘锞儿和赏牌上来，向台上雨点似的散去。那小翠儿越做越好，做那醉软了样儿，口里衔着一支玉杯，软扭过腰儿，身子仿佛是粉条儿做的，博了个满堂喝彩，连香官也忘了礼数，喝起彩来，老太太自是乐得不得了。演完以后便叫停演用膳，把金小翠叫上来仔细地瞧了瞧，问了些闲话又赏了她个金表，让她明晚接着演，日间且到头山门演去。说完话，令金小翠退下。不久一家人便用完膳，正好外面的五方焰口也散了，便都各自回房休息去了，一夜无话。

2. 香官病逝

第二天诸亲各眷的女客一个个都陆续来庆贺，至少也有六七十人。香官看今天是女客道贺的日子，与自己没相干，又想去看小翠演戏，便带两个小厮走出头山门。出来一看，见满台下乌压压地站满了人，小翠正在登台演出《海潮珠》的戏。那扮齐王的小丑，叫小猫儿的，装做奇形怪状的样子。香官没地儿站，个子又矮，自己瞧不见，十分着急。回头却见山门的中央供着一座佛龛，里面坐着一尊老佛，凸着肚子对着他呵呵地笑，香官灵机一动，笑道："老佛，对不住，借坐一会儿。"

他便指使小厮们道：

"赶紧给我搬开！"

小厮笑道：

"爷，可不能拿菩萨开玩笑。"

香官自然不愿意。小厮们拗他不过，只得七手八脚地一块把那尊笑呵呵的弥勒佛扛下地来。这下看戏的可炸了锅，有的骇异，有的好笑，吵杂之声不绝于耳，连小翠在台上看到了，也不禁抿嘴儿笑了。

香官正坐在佛龛上，见小翠抿嘴一笑，早故意喝了一声彩，远远的调情儿。看戏的人早不看戏，都看他怎么胡闹，指指点点议论不停。早有老成的管家看见，知道自己说了没用，连忙进去报告胡雪岩。胡雪岩不信，吩咐着瑞儿出去看。

一会儿瑞儿回报，说：

"爷真把菩萨的位置抢了！"

胡雪岩怒道：

"咳，这畜生无法无天，快快给我把他拿下！"

正说着，香官的小厮双子一听，忙偷偷逃出，见大殿阶下有马系着，不管谁的，跨上马，一溜烟跑到头山门口。跳下来一看，只见香官稳坐在佛龛里看戏，忙跑近喊："爷快下来，老爷抓你来了！"

香官听说，吓了一跳，急忙下来道：

"这该如何是好？"

双子道：

"快逃回家去吧。"

香官已是手忙脚乱，抢过双子牵的马一跃而上，狠抽了一鞭，放马而去。那两个贴身小厮怕有闪失，连忙也解了两个现成人家的快马跨上，紧随其后。他们远远望见香官的马在前跑得飞快，两人大喊几声，也不见香官回应。

原来香官在前面马上听得背后马声嘶鸣，还以为是抓他来的，一发狠命地加鞭疾走。这时天色近晚，一个老鸦冷不盯地从草地飞出，那马一惊，便向义冢坟堆冲去。

香官急收催手，那马便应手竖起一个牌头，香官大叫一声，早已连人带马滚向坟寰箩里。

香官连人带马滚下坟堆子去，吓出一身冷汗。那马爬了起来，跳了几步，看见地上有草，埋头便吃。香官只觉腰子酸痛，往腰下一看，原来是一个坟头上的凉食瓶子躺在地上，却正垫在腰里，痛得他不由打了个寒噤。

他正想坐起来，忽然又听见马蹄声，有两匹马飞也似的从堤上掉转过来。香官还以为又是来抓他的，忙躲在坟里直到他们远去。看看天色已晚了下来，香官只好硬撑着跨上马，快马回城。到府见那两个马拴在门口，还不敢进门，这一迟疑，只见自己的两个小厮出来道：

"哎哟哟，爷，你可把我吓死了！不知爷跑到哪儿去了？"

香官这才明白追他的人是他俩。一班管家都站班伺候，香官也不理睬，回到带青山馆来。刚睡下，腰里又一阵酸痛，不由得叫出声来。丫头们问时，才知道他刚才掉下马来了。

一时间，早惊了几位姨太太，一想胡雪岩不在，倘或有个三长两短，自己脱不了干系。如苏、兰、大扬州、周、郭、闽等人都来问好，香官只说起不了床谢罪不见。到最后四房里剩下了管屋的胡嫂，俩人神神乎乎地弄了一宿。不料这夜香官便发起寒热来了，次日果然病重，起不了床。等到下午雪岩等一大批人回来，他连出来迎接的力气也没有了。

到晚上，雪岩才知道香官病了，便派人探视，一看，还真的是病重，大家可真急了，连老太太都一起前来看病。见香官只是高烧发热，满口胡话。老太太因埋怨胡雪岩，说不该昨儿把他吓坏了，还一面请医生看病，吩咐丫头仔细伺候。

谁料这香官自此一病不起，二月初还没复原。却值小考到了，香官要自己去考，胡雪岩劝不住他，又见他好了七八分，便依了他。却说当铺里的小郎二姑爷自定亲之后，也不经商了，转而参加应试，两人在场内遇见了，十分投缘。至五月间道考过了，成绩下来，香官竟与那小郎同登泮案，胡家上下自是高兴。又逢香官二十岁生日，便替他做生日，带便开贺，仍传了金小翠的班子，演了三天戏剧。从这以后，香官劳累过度，又引发旧疾，一天不如一天，胡雪岩十分担忧。这边还为香官操心，却突然接到一道讣文，说是二姑爷作故了。这时胡雪岩正在院中和螺蛳及大、二、三、四、五位小姐同席用晚膳，接到这道讣文，胡雪岩一放碗筷，长叹一声道：

"不料这孩子如此短命！"

二小姐在旁，看见讣文心里更是伤心，想起当初定亲的时候，就叹不是时候，今日才进了个学，便又死了，却教自己做了望门孀媳。心里难受得很，放声大哭。大家也只有惋惜，没法子劝她。哪里知道这位二小姐伤心过度，竟就此得了个怔忡的病症，整日疯疯颠颠忘了礼节。胡雪岩见她真个疯了，又没法治愈，只是一个劲地埋怨自己。

过了几日，丫头们报说香官的寒热越发加重，医生也束手无策。雪岩心急如焚，到处找名医来看，终究回天乏力。没过几天，正值盛年的香官便辞世而去。消息一传入上房，全屋的人都乱了，老太太和各姨诸姐纷纷赶来，放声大哭。那香官早就下了世。于是即便赶办衣衾棺椁，第二天便放入棺材，三朝理忏，七七超度。加上他是长子，吩咐合府里都挂轻孝。隔了一年，给他下了葬。

二、李左之争

1. 挤兑风潮

清朝末年，西化运动席卷了中华大地。为处理涉外事务，朝廷特设总理各国事务衙门。总理各国事务衙门简称总理衙门，也就是现代意义上的外交部。不过总理衙门只是二线事务机构，拿不了主意。真正管理洋务的第一线衙门有两个，一个是设于天津的直隶总督兼北洋大臣，另一个则是设于南京的两江总督兼南洋大臣。

左宗棠被朝廷派往南京任职，当起南洋大臣。左宗棠目中无人，到南京任职，与李鸿章产生了矛盾，把李鸿章江南的势力铲除殆尽。李鸿章自然不肯认输，与他针锋相对。两雄相争，自然先对付对方的党羽。胡雪岩又是左宗棠最倚重的人，自然是北洋系打击的对象。胡雪岩自此遇到很多麻烦，但都机智地应付过去。

胡雪岩商业生涯的后半期，由于时局不利，李鸿章等人又落井下石陷害于他，上海发生挤兑风潮，阜康被迫停业。紧接着又波及杭州，杭州钱庄里所存现银仅有四十万两，经不起挤兑风潮。此时胡雪岩还在回杭州的途中，还要二三天才能回来，杭州只有钱庄档手谢云清和螺蛳太太，此时他们也不知如何是好。两人商量之后，认为最好是暂停营业，等胡雪岩归来再做打算。于是由杭州府出面贴出告示，说明"由于时事不靖，银根难得宽裕，周转一时不灵，故而停业三天，老板回来后，便可正常营业"。没有料到的是，告示引起了轩然大波，阜康的存户纷纷涌到阜康钱庄，要马上提取现金。要不是曾得胡雪岩资助的杭州府书办周少棠挺身而出，不知会闹出多大的乱子。

其实，螺蛳太太与谢云清决定停业几天，也都有他们的想法。对螺蛳太太来说，是想把阜康钱庄现存的几十万两现银留下来，以后即使关门，也有本钱从头再来。上海的钱庄，一出现挤兑风，就提前关门停业，说明情况不妙，她这也是为胡雪岩找条退路。而谢云清则是一面寄希望于胡雪岩，另一面争取时间安抚大户。同时调动资金，应付随时发生的危险，不致于出现挤兑风潮，造成更大的损失。他们两个的想法都是为胡雪岩着想。

不过，在胡雪岩看来，这样做失信于客户，是在做"拆烂污"的事情。钱庄讲信用就是替客户着想，为客户负责。任何情况下，客户都有权按照约定提取存款。想通过关门停业把客户拒之门外，为自己找退路就是最大的不讲信用。同时，按照通行的规矩，钱庄要尽可能地为客户提供方便，随时满足客户的提款要求。因此，暂停营业就是失信于客户。所以尽管挤兑风潮来势汹汹，大有令阜康破产的势头，胡雪岩决不失信于客户，仍然照常营业。

胡雪岩一生经商坚守一个"信"字，即使面临破产，也未曾改变。

不巧的是在这困难的时候，胡家三小姐出嫁，要办喜事。

胡雪岩便让他的亲信姨太太带现银到上海买些珠宝钻石首饰，给女儿当嫁妆。这姨太太很能干，从租界的一家德国洋行买到极为珍贵的一批钻石首饰。

这家德国洋行的经理早就听说胡雪岩是有名的"财神爷"，成交之后提出一个请求，要把这批钻石首饰在店里陈列一个星期，给店里做个广告，说是这些首饰是胡雪岩买给女儿做嫁妆的。

这样的事，姨太太可不敢随便答应，就和胡雪岩在上海的死党兄弟古应春商量一下。一方面，现在外面整个北洋系都等机会找胡雪岩的茬。胡雪岩既然是朝廷红顶子命官，在上海"露富"很容易被人说三道四。所以，公开展览首饰并不妥当。可是不展览的话，也唯恐别人说胡雪岩今非昔比，家道衰落，以致于连女儿的嫁妆也拿不出手。要是真有这种传言，对胡雪岩的名声和信用同样也不好，以后的生意也不好做了。

经过多方考虑，最后两人决定同意展览。不过既是在德国洋行里，首饰旁的说明文字不准用中文，只能用英文、德文。这种做法，是折中的妥当之法。

胡雪岩虽然十分富有，号称东南巨富，有"财神爷"的美名，但是他并不自恃财大气粗，懂得收敛。虽然清末风气不好，但他这个姨太太还会节制，直至今天，这种做法还是具有现实意义的。社会上的人对于那些暴发户故意显示自己有钱都十分厌恶，即使同为生意人，如果你仗着有钱，锋芒毕露也会招人嫉妒厌恶。所以，做为一个中国商人，绝不能自招嫉妒，而要像胡雪岩一样懂得自省和收敛锋芒。

2. 雪上加霜

胡雪岩为了帮左宗棠西征筹饷，而不得不向商行借款。但由于具体事务没处理好，让他处于两难的境地。因为为筹饷向洋人的银行贷款是十分吃亏的，洋人利息又高、息耗太重，而此项借款又不是拿来做生意，可以用利润来补偿。因为左宗棠为自己西征成功，却硬要借这一笔钱。光绪四年（1878年），他要胡雪岩出面把商股聚在一起，同时向英国汇丰银行借款，华、洋两面以商款的明义共借了六百五十万两用于西征粮饷。按照左宗棠的打算，七年的时间，陕甘可得协饷一千八百八十万以上，用这笔钱还债足够了。他还考虑到协饷解到的时间不定，所以要求还款期次不定。但这只是他一个人的想法，这笔款实际上是半年还一次，六年还清。左宗棠入京之前，为了替后任刘锦棠筹划西征善后，又独自决定借汇丰银行招股贷款四百万两。

为军需粮饷而借洋债，本应由国家来还，但这两笔计一千多万的债务风险，最后要胡雪岩一个人承担。光绪四年，左宗棠上奏朝廷要借洋债，朝廷一个月后才回批，批复上就说："借用商款，息银既重，各省关每年除划还本息外，京协各饷，更属无从筹措，本系万不得已之计。此次姑念左宗棠筹办军务，事在垂成，准照所议办理。嗣后无论何项急需，不得动辄息借商款，至贻后果。"批复中提到的"京协各饷"即"京饷"，是京内的各项开支。因左宗棠息借商款，让"京饷"无从筹集，还洋债的事只好由他一人负责。朝廷就这样把借款还债的责任推得一干二净。最后，责任又推到了胡雪岩身上。因为虽然这两笔借款都由各省解陕的协饷还付，但协饷解到的时间却说不准，而且还有可能取消原议解汇的协饷。没有协饷还不了钱，洋人要找胡雪岩的麻烦。而胡雪岩为了自己的信用，当然要尽力还钱。正常情况下，胡雪岩的实力也能还上借款，但时局一变化，谁也不知道有什么后果。

而且此时李鸿章为了排挤左宗棠，不让他的势力延伸到东南。已经定计在上海打垮胡雪岩，授意上海道台把各省解往上海的协饷都扣下来。这一部分协饷本来是胡雪岩用来归还最后一笔由他经手的洋行贷款，因为洋款还款的期限已到。

战乱的年代，胡雪岩做好长远打算，把国家的债务扛在自己的身上。局势一变，上海市面已经衰落下去，市面上的存银也只有百万两而已。特别是此时李鸿章正对付胡雪岩，他又接受为左宗棠筹集近五十万粮饷任务，把自己的后路封死了。这样困难的时候，胡雪岩还决心与洋人在生丝生意上竞争到底，不肯将囤积的丝、茧脱手而换取现银，这无疑是破釜沉舟，背水一战。一旦出了事故，只有破产一条路能走。

"局势说坏就坏，现在不趁早想办法、未雨绸缪，到时发觉不妙，补救也晚了。"

胡雪岩在自己生意的鼎盛时期，做事前总是考虑妥当。可惜的是，到了后来，他在处理大事方面，却一方面由于客观情势的限制，一方面事多分神，无暇顾及。同时也觉得自己资产雄厚，把先前的道理都忘了，以致于最后在挤兑风潮来到之时，最终破产倒闭。

正当胡雪岩在挤兑风潮中遭受重创之际，户部尚书阎敬铭向朝廷又奏了一本，要求缉拿胡雪岩。奏折如下：

户部尚书臣阎敬铭跪奏，为已革道员侵取公私款项，请旨拿交刑部治罪，以正国法，而挽颓风，恭折仰祈圣鉴事。

窃从前亏空各案在于官，官所侵者国帑，而不及民财。近来亏空流弊在于商充官，复以官经商，至举国帑民财皆为所侵吞，而风俗乃大坏。二三年间，各省奸商以亏空之人并未严惩，任其事外逍遥，相率无所忌惮。每因存借汇兑银两，聚积益多，遂萌侵蚀奸计，藏匿现银。辗转效尤，纷纷倒闭歇业，京外屡为骚动，市井益为萧条，迭据疆吏奏咨，实为从来罕有之事。而败坏风气，为今厉阶，则自已革道员胡光墉始。

查胡光墉籍隶浙江，出身市侩，积惯架空罔利，最善交结官场，一身兼官商之名，遇事售奸贪之术，网聚公私款项，盈千累万之多。胡光墉起意侵欺，突于光绪九年十一月间，将京城、上海、镇江、宁波、杭州、福州、湖南、湖北等处所开阜康各字号，同时全行闭歇；人心浮动，道路嚣然。

臣部以胡光墉经手公款必巨，即飞咨各直省扣抵著追。嗣后各省开报亏欠公款数目，由浙江著追者共银一百六十一万三千九百余两，至亏欠江海、江汉两关及两江采办军火电线经费、采购柔秩等银七十八万六千八百余两，由各省关自行著追者尚不在内。

其亏欠绅民私款，据两江总督声称，都中有八千万两，至亏欠各省绅民私款若干，未据报部，尚不在内。

臣复以胡光墉所亏公私各项款目纷繁，总以扣还公款为先，尤当以追缴实银为断。迭经行催，牌累数尺，而胡光墉居心狡诈，任意宕延，迄今已满三年，仍未扫数完缴。由浙江著追公款尚欠四十九万八千一百余两，由两江著追公款尚欠二十万八千一百两，若任其亏空，不予严惩，年复一年，公款必致无著。况现在京外各约由商号汇兑者尚多，非惩一儆百，流弊无所底止。

查刑部诈欺官私取财条例内开，京城钱铺将兑换现银票存钱文侵蚀，闭门逃走，立行拘拿；送部监禁，一面将寓所资财及原籍家产分别行文查封，仍押追在京家属，勒限两个月将侵蚀藏匿银钱全数开发完竣，若逾限不完，无论财主管事人及铺伙侵吞赔折，统计未还藏匿及侵蚀票存钱文，原兑银数在一万两以上，拟绞监候等语。胡光墉开设银号，用计侵取官私银两，重于钱铺，侵蚀兑存票钱，同时闭歇，遍及各省，官民受害者甚多，不独京城一处。且扣满两年未缴，久逾两月限期，侵匿公私款项更不止一万两之数，律以京城钱铺侵蚀银钱之例，其罪已无可逭。

又查律载内外诸司统摄所属，有文案相关涉及非所管百姓，但有事在手者，即为监临，又其职虽非统属，但临事差遣管领提调者，亦是监临主守各等语。又律载起运官将长押官及解物人若有侵欺者，计赃以监守自盗论等语。查胡光墉前以江西候补道员管理上海采运局，月支薪水银五十两，与各省局用文移往来承领各项公款，又有差遣管领起运之责，于亏空事发之后，始行革职，迄今延不完缴，以监守自盗，罪更难容。

相应请旨饬下浙江巡抚，一面速将已革道员胡光墉拿交刑部严追定拟治罪，一面将胡光墉家属押追著落，扫数完缴。并请饬下步军统领衙门、顺天府五城，浙江巡抚暨各直省督抚，将胡光墉原籍财产及各省寄顿财产查封报部，变价备抵，毋任隐匿。其亏欠绅民私款，迅即开明数目，咨送刑部，以凭查追。所有胡光墉侵蚀公款未缴数目，臣部另开清单，恭呈御览。

再查中外通商以来，商务较重，一切公款或由商号汇兑，或交给管领，或承办采买，常与外国洋商交涉；又有官员兼营商务，凑集公私股份，开设行店公司，均有汇兑管领购办交涉之事，若不严定章程，何以杜绝亏空？并请旨饬下刑部，按照臣部所指各节，严定罪名，通行各省，俾知炯戒。

臣等为整移风俗，力杜亏空起见，理合恭折具陈，伏乞皇上圣鉴训示。谨奏。光绪十一年十一月十二日具奏。奉旨：依议，钦此。

这奏折一上，无疑是对胡雪岩的彻底打击，胡雪岩陷入了山穷水尽的境地。

3. 中丞相救

刘中丞对缴拿胡雪岩一案一时义气相生，而呈朝廷奏折以求赦免：

江督咨覆革职胡光墉应缴扣存水脚行用补水银两请准免其追缴据情查覆由。

为咨覆事，案准户部咨钞议覆左宗棠奏，革道员胡光墉应缴扣存水脚行用补水银两，请准免其追缴一折，声明请旨饬由新疆陕甘确切查明，将行用补水水脚银两原借之初，有无批准案据送部备查？水脚一款，既称无须三方，究竟应用几何？前两次扣存之款，究竟实数若干？迅速查核明确声覆，以凭凭数追缴。并准陕甘总督部堂谭钟麟咨问前由，请查前案，经行部咨各等因。承准此。

查上年冬间，户部因胡光墉所开各处阜康票号同时闭歇，咨查该革员经手货洋借款，分别查明扣底。正查覆间，适准陕甘督部堂咨会，请由户部追还胡光墉于光绪七年预扣商款现存之补水银四万余两，当经本大臣爵部堂转咨户部在案。兹奉前因，在户部度支综掌，苟有碍于成例，即不准于核销，本大臣爵部堂何敢置喙？惟查借用商银，事不常有，前值收还伊犁，俄人多方狡展，和战未定，而国内外防营须饷孔殷，前督办大臣左宗棠奉旨陛见，其时局势一更，协借迫不及待，旋又议给伊犁守费，饷力愈难，是以定借商款，以济一时之急，俾可胜挪清欠裁勇，明知耗用颇繁，而既赖以集事，未暇与之细较。其光绪三四两年所借之五百万及三百五十万，恰当山右陕豫各省同时旱灾，西饷顿形减色，几难为继。前督办大臣左宗棠深恐因饷哗噪，一面慰谕各军，一面贷银接济，情形迫切，虽其所费较多，而其所全甚大。此三次息借商款，开支外费之所由来也。窃计每次借项，多至数百万两，决非市商所能遽集，尤非一手一足所能为功，商人与官交涉，兑出现银，每多顾虑。在官以谓给息相还，综核极为受累，在商则谓挟资求利，到处务欲取盈，计较锱铢，必思渥沾利益，又惧官事恒有变迁，非其素信之人从中关说，未易破其疑团，所谓行用补水，乃势之所必然。至若保险水脚二者，皆轮船之定章，特数目多寡之间有不可一概论耳。以胡光墉素业商贾，不足深责，部议早已洞烛无遗。而为公家屡借巨款，咄咄立应，是其当日声名架空，可以动众，究之就中点缀，所费当自不赀，动支虽累巨万，人已亦可想见。譬之人家，遇有急需，不惜厚利称贷，而事难凑拍，竟莫能解其厄，于此能代筹的款，彼受借者纵令格外吃亏，亦所甚愿。而现款断非易致，在贷借者声援广布，百计图成，虽或优得使用，及至前后牵算，仍归浪掷，斯亦人情之常。胡光墉所借之银，三次共一千二百五十万，数称极巨，若仅委员之虚名，而其平时交接酬酢丝丝入扣，一旦缓急相依，即竭力以图，骨节向不灵通，所假无几，奉公非不谨饬，而摈之事机，则犹投一滴于巨壑也。胡光墉之挥霍，好沽名誉，人所共闻，此番倒闭，中外骚然，岂彼始愿所及料哉？亦由贪多务得，不复细针密缕，逐至一蹶不振。统观今昔，其藉以屡救陇塞之困乏者在此，因而身家破败，公私交怨者亦在此。

现在清厘数目，就胡光墉三次所支之数，合之诚多，如陕甘督部堂谭钟麟之驳斥，户部之核追，不宽既往，正为严儆将来，自是慎重饷需之道。抵以前两次支项均经胡光墉具报，有案可稽，七年支项，系属援案开报，今以滥支从中追缴，于理诚当，于情转若可矜。盖此等支用，前督办大臣左宗棠知其仅能以公了公，故未核驳。迄今事隔数年，忽据着赔，不独胡光墉业已穷途无措，即其备抵什物，骤易实银，徒作纸上空谈，追缴亦属具文。且彼恃其早经报销，将不咎己之浮开，必先怨官之失信。在胡光墉一市侩耳，曾何足惜，而纪纲所在，或不得不慎重出之。

夫统筹出入，严在违例浮支，司农之成宪也。宏济艰难，时须原心略迹，天下之公道也。军兴以来，所有荡平剧

寇，类皆开单报销，实事求是，核与则例，转难吻合，为户
部所稔知。前督办大臣左宗棠进规西域，所以迅奏肤功者，
仰赖庙谟坚定，无复掣肘之虞，而迭当各省歉荒，强邻逼
处，亦幸得借款之可恃，庸有私于胡光墉乎？似亦可以共谅
矣。总之借用商银，事不常有，从前军务倥偬，往往有例之
所碍，而势之所必需者，并须当机立应，否则少纵即逝，一
切用款，难于预计，多未奏咨立案，实心实力，第求协于机
宜，不能计较一时一事之盈亏也。户部经权互用，近因海宇
肃清，定以条奏之限，从苛绳旧案，务在谨守新章，所有甘
肃、新疆历次借款，开支经费，已久汇单奏销。若胡光墉之
罔市累人，固须惩以自戒，而此番案属因公支用，非等侵
吞，以视户部现办章程，系在旧案准销之例，应请户部鉴
核，转予斡旋，奏请免追，嗣后不得援以为例，以昭大信，
出自卓裁，相应咨覆云云。

饬知号商领存公款业已全数清缴，请免置议折稿

奏为号商领存公款，业已全数清缴，私款并无控追，可
否免其置议，恭折仰祈圣鉴事。

窃查光绪九年冬间，江西候补道胡光墉所开杭州阜康及
各省银号同时闭歇，稔知亏欠公私各项，为数甚巨，当时律
以官法，立将该员参革究追，原属正办。惟闻其开设典铺不
下数十处，资本不少，诚恐事急生变，寄顿隐匿，均在意
中，因密商升任藩司德馨亲至其家，婉词开导，令其将所领
公款数目，及各典资本全行开送。

经臣约略核计，尚足相抵，立即指定数目，各归各款，
派员前往监收，以免店东伙计隐匿挪动。遂将民间逐日赎取

之资，积有成数，解存省城厘捐总局，分别缓急，随时批解。事经两年，始得一律清完，毫无蒂欠。

正在核办间，于光绪十一年十一月二十五日接准户部咨开，奏请将胡光墉拿交刑部治罪，并将原籍财产查封报部，变价备抵一折。光绪十一年十一月十二日奉旨依议钦此。

行文前来，即经密札杭州府知府吴世荣，督同仁和、钱塘两县严密查封。一面札饬厘捐总局，将胡光墉应缴公款完欠数目，开单详报去后。即据该局开呈清单，除甘肃息借洋款扣留行用案内尚欠银七万余两未经追齐外，所有京外公款及本省公项，由浙着追者均已一律扫数全清，即经咨明户刑二部，查照在案。旋据杭州府详称，先据胡光墉家属呈报，该革员于光绪十一年十一月初一日在籍病故，奉札后，督同仁、钱两县亲诣查封，见其停柩在堂，所住之屋，租自朱姓，逐细查点，仅有桌椅箱厨各项木器，并无银钱细软贵重之物。讯据该家属胡乃钧等供称，所有家产，前已变抵公私各款，现今人亡财尽，无产可封，奉追尾欠，具限认缴，并据声明，胡光墉在日，统计欠缴京外各款，共银一百五十九万二千余两，以上二十六典货本器具屋基抵价收缴清楚。其扣存行用银十万六千余两，已解三万五千两，现缴银二万两，余欠五万余两，认限本年三月底一律缴清。至亏欠绅民私项，除文宅充公银十万两业已缴解清楚，其余私款，已据折扣变抵归还，并无控追之案，请免置议等情。

据此，臣查已故革员胡光墉开设银号，领存公款，数逾百数十万，迨各铺倒闭，尚不迅速完缴，律以监守自盗，罪有应得。惟念该革员系以典资作抵，其不能立时缴完，由于陆续赎取，与有意违抗者有间，业已缴解清楚，情尚可原，私款并无控追，其事已了。溯其承办西征转运，亦尚著有微劳，今既身故，可否免其置议，伏候圣裁。除饬将认缴尾款依限清完后，再将封存家具发还外，所有号商领存公款，全行清缴，应请免议缘由，理合恭折具奏，伏乞皇太后、皇上圣鉴训示。谨奏。

谨将应缴官项及典架本分数，缮折呈请宪核。

计开：

一、应缴两江督署官项库平纹二十万两，已将广顺、泰安、公顺各典备抵。

一、应缴上海道署官项库平纹二十万两，已将丰裕、裕丰、悦来、大和各典备抵。

一、应缴浙江塘工局及各善举库平纹二十万两，已将大成、大生、万和各典备抵。

一、应缴直隶练制饷钱念壹万五千文，已将公义、余庆及海宁裕丰各典备抵。

一、应缴浙江纲盐局官项库平纹七万一千两，已将庆生、恒甡各典备抵。

以上共计应缴　库平纹九十九万一千两
　　　　　　　制钱二十壹万五千丈

一、应缴天津筹防赈捐各局官项库平纹十二万两，已将公济、大亨各典备抵。

一、应缴福建善后局官项库平纹二十万两，已将同庆、源生、庆余各典备抵。

一、湖府属双林镇大成典九年九月止计存架本钱十四万六千二百六十四千文，抵浙江塘工局及各善举。该典管总赵少珊，管包金子及。

一、湖属德清城内公顺典九年九月止计存架本钱十八万四千一百九十一千文，抵两江。此典已禀请两江爵阁督宪左移请查封，备抵金陵官项，理合声明。该典管总施蓉斋，管包余锦坤。

一、湖属新市镇庆裕典九年九月止计存架本钱十三万六千六百八十千文，抵福建。该典管总柴筱屿，管包项晋山。

一、湖属新市镇恒蛀典九年九月止计存架本钱七万二千三百三十四千文，抵纲盐局。该典管总周尚卿，管包程达泉。

一、湖属新市镇同庆典九年九月止计存架本钱十五万四千六百七十四千文，内有拼股二成，应除二万九百三十四千文。该典管总陈辰如，管包陆鼎英。

一、海宁城内义慎典九年九月止计存架本钱九万五千九百五十二千文。该典管总戴雨霖，管包程树基。

一、海宁城内裕丰典九年八月止计存架本钱七万二千三十千文，抵直隶练饷。该典管总宓显章，管包张林山。

一、海宁州硖石镇万和典九年九月止计存架本钱八万一千八百六十千文，抵上海。此典已由上海道宪查封，备抵上海道署官项，理合声明。该典管总施少愚，管包项云岩。

一、嘉兴府属石门城内大亨典九年八月止计存架本钱十一万六千七百五十九千文，抵天津道筹办赈捐。该典管总孙棣生，管包邵瑞和。

一、嘉兴府裕大典九年九月止计存架本钱八万九千六百三十千文，此典现奉饬由藩司查封，备抵宁绍台道官项。该典管总沈炳斋，管包孙禾伯。

一、石门湾大生典九年九月止计存架本钱十一万五千九百三十二千文，抵浙江塘工各善举。内有拼股一成，计应除一万一千五百九十三千文。该典管总沈笔生，管包李子久。

一、杭州城内公济典九年九月止计存架本钱八万八千三百七十九千文，抵天津筹办赈捐。该典管总潘子韶，管包唐茂承。

一、杭州城内广顺典九年九月止计存架本钱六万三千三百六十千文，抵两江。此典已禀请两江爵阁督宪左，移请查封，备抵金陵官项，理合声明。该典管总周晓江，管包吴清远。

一、杭州武林门外泰安典九年九月止计存架本钱八万三千二百六十一千文，抵两江。此典已禀请两江爵阁督左，移请查封，备抵金陵官项，理合声明。该典管总苏鉴之，管包孙琢斋。

一、杭州府属塘栖镇公义典九年九月止计存架本钱十万七千一百四十一千文，抵直隶练饷。该典管总江雨亭，管包程开铎。

一、金华府城内源生典九年九月止计存架本钱七万六千三百三十千文，抵福建。内有拼股六成，计应除钱四万五千七百九十八千文。该典管总孙品三，管包叶起熊。

一、衢州城内余庆典九年九月止计存架本钱六万三千四百四十一千文，抵直隶练饷。该典管总董香士，管包王济川。

一、衢州府属龙游城内庆生典九年九月止计存架本钱五万八千二十五千文，抵纲盐局。该典管总王锡之，管包叶成之。

一、苏州府属黎里镇悦来典九年九月止计存架本钱九万十九千文，抵上海。此典已由上海道宪查封，备抵上海道署官项，理合声明。该典管总朱诗舲，管包闵秉槎。

一、镇江府城内裕丰典九年九月止计存架本钱八万六千四百二十八千文，抵上海。内有拼股二成，计应除钱一万七千二百八十五千文。此典已由上海道宪查封，备抵上海道署，理合声明。该典管总黄念斋，管包吴松山。

一、镇江城内祥泰典九年九月止计存架本钱四万六千六百十四千文，内有拼股四成半，计应除钱二万九百七十六千文。该典管总黄桂卿，管包杨俨如。

一、镇江府丰裕典九年九月止计存架本钱八万七千三百七十九千文，抵上海。内有拼股二成，计应除钱一万七千四百七十五千文。此典已由上海道宪查封，备抵上海道署官项，理合声明。该典管总吴草堂，管包贺荫生。

一、湖北兴国州乾生典拼股六成半，计钱七万八千文。

一、湖北德河镇乾泰典拼股五成，计本钱四万千文。此二典亦由藩司查封，备抵宁台道官项。

一、湖南浏阳乾利典拼股三成，计本钱三万千文。

一、杭城公济衣庄计架本钱四万五千文，此店亦由藩司查封，抵宁台道官项。该庄管总李炳。

以上典当二十三铺，衣庄一铺，共计本钱二百三十四万四千九百四十八千文，内应除拼股钱十四万四千六十一千文，计实存架本钱二百十万八百八十七千文。又湖北三典，拼股钱十四万八千文。共计钱二百二十四万八千八百八十七千文。应缴官项，有盈无绌。存架本息钱不在其内。其裕大、义慎、洋泰三典，及乾生、乾泰、乾利三典，可以多除。惟恐或有不敷，应请裕大、义慎、祥泰一律查封，缴款存库，以备抵数。其乾生、乾泰、乾利，系属拼股，请免查封。如有不敷，再请查抵。理合声明。

可惜刘中丞的一番心力最终也未能抵得过朝廷的清缴，"红顶商人"的一代清名就此湮灭。

三、英雄无奈

一天，恰好假山司务郭连元从左宫保大营里奉公差前来办事，便写了一封信给胡雪岩。雪岩当时便十分看重连元，让账房摆下一桌酒席请他。自己袖书进来，到梦香楼上，在灯下拆开信看。螺蛳在旁见他看完便把信搁在一边，发出一声叹息。

螺蛳便问其原因，胡雪岩道：

"宫保了解我的处境。他说是盛极必衰，从古到今没有变过，咱们家里眼下也算是最鼎盛的时候，但朝廷当中和我做对的人不少，一旦有了闪失，便会出现大问题，教我趁此和三个兄弟把家产分了，并置备些田地，为日后打算。我虽有此意，但又怎好向兄弟们开口？"

螺蛳道：

"分久必合、合久必分，谁也抗拒不了。老爷开始在宁波，二老爷在苏州候补，三老爷、四老爷也不在一起，一开始就分开了，现在住在一起以后还是会分开，何况这屋子又不大，还不如趁早分了。"

胡雪岩因道：

"这宅子果然太小，如今已是满当了，明儿几个孩子成了亲，更住不下。所以我打算下半年便把大女儿和三女儿、四女儿都嫁了出去，腾出些空。可恨的是那园里锁春院旁边，望仙桥直街的那所剃头铺子和酒栈的屋子，就是不肯卖给我。"

螺蛳道：

"我早就听说，这是有钱人家的房子，自然不会卖给你。只是我想起来，咱们府里的用度，已经是太过浪费，除夕，各房送压岁钱，十几房竟用去了五十多只元宝。赏赐丫头们，也竟拿了金锞儿十锭五锭的，胡乱赏给。照此，哪有这么多钱供给？虽咱们府里不愁钱花，也经不起这么糟蹋。像年底结下账来，阜康折了十一万，庆余堂折了七万，再加京城、上海、镇江、宁波、福州、湖南、湖北等处银号也是亏了数十万两以上。不是我说，如果像范姑老爷这样胡造，不出三五年，我们家要垮了。"

雪岩便点首无话。一夜没睡。

次早起来，梳洗毕，便下楼来，到正院请安以后，胡雪岩走出外厅坐下，叫管家请谢英明到来，因问各处银号报册亏折的原因。英明也说不出个所以然。及查到清册，都是因开销过大的缘故，上海和宁波亏损最大。由于没有说明原因，待英明退去，胡雪岩便派人去把范毓峰和魏实甫、程欢三人请来。三人来到，雪岩叫这三个人商议整顿这两处的银号，三人先都不说话。到底范毓峰是胡雪岩的外甥，才敢说了一句，便保举魏实甫、程欢前去查核整顿。胡雪岩也觉可行，便委托了程、魏两人，实甫、程欢推辞一下后便应承下来，也就分别到宁波、上海去核查整顿去了。

胡雪岩娶的这些姨太太年轻貌美，大多都看上了胡雪岩的家产，嫁到胡家更是大手大脚地花钱，过着奢侈的生活。后来胡雪岩因受李鸿章的排挤与打击，弄到了破产的地步，这些平时温情的姨太太顿时温情丧尽，要拿着自己的私房钱离开胡家。

胡雪岩并不挽留，只是说愿走者可以拿着自己的私房钱离开，最后只剩罗四太太了。金钱美女舍弃了，他说："商人为钱，钱能害命，我这一辈子，不怀念挥金如土之日，而怀念少年时拿几文钱买烧饼，喝水酒之日。当欧洲十九世纪商品经济兴起时，商业贸易迅速发展，在东方大国，中国的清朝，也只有我浙江胡雪岩能与各国商人竞争！"

胡雪岩有着坎坷离奇的生命历程。他生逢乱世，借助各种势力挣得了无数家产。在太平天国运动时，他纳粟助赈，效忠清政府。洋务运动兴起后，他请洋人的技术人员，引进洋人的先进设备，也成就了一番事业；在左宗棠挥戈西征时，他借洋款、筹粮械，立下汗马功劳。他历经千辛万苦，终于从一个钱庄的小伙计成为了富甲天下，威名远播的"红顶商人"。之后，他又从容地周旋于红顶子、黄马褂、生意经之间。凭自己的力量和眼光建成了以钱庄、当铺为网点，覆盖全国的金融行当，并开设了著名的药店——"胡庆余堂"。

胡雪岩晚年，在洋商和朝廷官员的双重扼杀下成了朝廷罪犯，被抄了家产，最终郁郁而亡。